日本経済の歴史の裏側

西成田　豊

三省堂書店
創英社

目次

序章　近代日本経済史と「マルクス史観」
一　本書の課題とマルクス再評価論　6
二　マルクス再評価論と共産党マルクス主義　9
三　共産党マルクス主義の「資本主義史観」　14
四　本書の構成　20

第1章　繊維工業（1）——女工周旋業
一　これまでの見方　23
二　女工の募集と周旋業　27
三　周旋業者の社会的特徴　40
四　道府県「労働者募集取締規則」　46
五　「女工周旋業」はなぜ捉えられなかったのか　51

第2章　繊維工業（2）——女工供給組合
一　女工供給・保護組合の設立　52

二　組合の女工供給事業……60
三　女工供給事業の実績……67
四　女工供給・保護組合と大正デモクラシー……74

第3章　機械工業（1）――工場人夫

一　「労働者階級」と工場人夫……79
二　人夫供給請負業……84
三　人夫の特徴……92
四　「工場人夫」はなぜ捉えられなかったのか……96

第4章　機械工業（2）――職工の意識

一　工場規則と個人労働意識……99
二　工場の労働環境……110
三　未熟な経営組織と労働争議……116
四　自己肯定感の低さと階層脱出意識……124
五　友愛会……131
六　機械工の意識が意味すること……141

第5章 エネルギー産業――石炭と「納屋制度」
一 石炭の市場と生産と鉱夫 144
二 産業革命と「納屋制度」 151
三 「納屋制度」をどう捉えるか 156

第6章 農業と土地所有――地主制
一 二つの見方 161
二 水田稲作と畑作農業 164
三 「地主制」をどう捉えるか 170

第7章 政府歳入と租税――酒税と酒造業・消費者
一 歳入と租税 177
二 在来産業としての酒造業 182
三 消費者と社会運動 187
四 酒税から見えてくるもの 195

第8章 貿易と海運――沖仲仕
一 仲仕と仲仕業 197

二　仲仕業の経営・労務管理……204
三　「仲仕業」をどう捉えるか……211

終章　「マルクス史観」破綻の構造

一　人間・人権・労働市場……214
二　資本主義「世界」の労務供給請負業……218
三　「労働市場」の人権論と「生産過程」の革命論……222

参考文献　231
あとがき　246

序章

近代日本経済史と「マルクス史観」

一 本書の課題とマルクス再評価論

本書は近代日本の経済史の裏側を述べることによって、マルクス・共産党（日本共産党）の「資本主義史観」の問題点を明らかにしようとするものである。これまでの近代日本経済史の研究は日本資本主義の生成・発達史の研究であり、多くは共産党マルクス主義に主導されてきたからである。

ただ、このテーマを論じようとすれば、その前に近年のマルクス・「資本論」再評価の議論に触れておく必要がある。

マルクス・「資本論」を再評価しようとする議論の背景には、人間の経済活動の結果である地球規模の気候変動、異常気象が深刻で大きな問題になってきたことがある。気候変動は、生産力の発展を無条件で是とするマルクス主義の生産力至上主義の破綻を意味している。筆者も折にふれて、そのことを指摘してきた。

しかし近年のマルクス・「資本論」再評価論は、これとはまったく反対に、マルクスこそが資本主義の矛盾は地球環境問題として顕在化することを説いていたと主張する。

ただ、共産党に限らずマルクス主義者の多くが、原子力の「平和利用」（原発）を生産力の新しい発展として受け容れてきたことに示されるように、生産力至上主義の立場に立ってきたことは疑いようのない事実である。

もともとマルクス主義の思想は、人間が自然に働きかけ自然を支配する〝労働〟をとおして自己の生存（衣食住）の条件を獲得してきたとする労働の哲学だった。したがって、生存の条件を拡大する技術・生産力の発展は、人間の物質的生活を豊かにするものとして無条件で肯定されてきた。

マルクス主義の哲学は同時に、この人間生活を豊かにするはずの労働が、「階級社会」では生産手段の所有・非所有関係＝生産関係のもとで搾取され、労働の成果は自分のものにはならないとする。資本主義のもとではこれは、使用価値の形成（モノの生産）が剰余価値（＝利潤）の生成と一体のものとして現れる。

こうした生産力の発展と生産関係の矛盾が経済社会の変革（革命）を根本のところで規定すると、マルクスは捉えた。したがって、（1）生産力、（2）生産手段の所有関係＝生産関係、（3）搾取とその廃止（革命）は、マルクス主義を構成する三つの要素である。

その意味で、資本主義の矛盾は地球環境問題であるとする近年のマルクス再評価論は、これまでのマルクス理解を根本から覆すものである。

重要なことは、こうした見方から分かるように、近年のマルクス再評価論も地球環境問題の解決は資本主義を変えなければ不可能だとしていることである。革命という言葉こそ用いていないが、そう主張する。

こうした考え方を、ひとまず「環境マルクス主義」と呼ぶことにする。

それでは、環境マルクス主義は前記したマルクス主義の三つの構成要素をどのように捉えているのだろうか。

まず生産力については、生産力至上主義を批判し〝脱成長〟を掲げる。この点は、環境マルクス主義だけでなく近年のマルクス経済学者も同じように主張している。

マルクスが生きた初期資本主義の時代には、その眼前に貧しい労働民衆が広がっており、生産力の発展による物質的豊かさの供与がもとめられていた。今日《こんにち》もまた、新しい形で格差と貧困の問題が広がっている。そしてその裏側には、しばしば人権の問題が横たわっていることも指摘されている。

環境マルクス主義はこれらの問題にほとんどふれていないのが一つの特徴である。

次に、生産手段の所有・非所有関係について。この点について環境マルクス主義は、〝脱成長コミュニズム〟を説く。すなわち、生産手段を水や電力と同じように〝コモン〟として労働者の共同所有・共同管理のもとに置くことを主張する。また、この生産手段の〝コモン〟としての所有・管理を、生産手段の「社会的所有」、「生産過程の民主化」とも規定する。

近年のマルクス経済学者も〝脱成長〟を説く一方、これと同じように「生産手段の社会化」を主張する。そしてこの「社会化」とは、「集合的労働」にもとづく「共有化」であるとする。

以上のような主張の前提として、環境マルクス主義も近年のマルクス経済学者も、生産手段の国有化は旧社会主義国の崩壊が示すようにマルクス本来の考えではないことを強調する。

マルクス主義の構成要素の第三、搾取とその廃止（革命）について。資本主義の矛盾は地球環境問題であるとする立場から環境マルクス主義は、〝コモン〟の領域を徐々に拡大し、最終的に資本主義を「超克」することを主張する。資本主義を「止める」とも表現している。

近年のマルクス経済学者も同じように、「共同所有」の領域を企業・工場から学校・病院など広い領域へ拡張していくとしている。

そして両者とも、資本主義の先に社会主義（前者は「参加型社会主義」、後者は「脱成長社会主義」）を展望している。

以上のような環境マルクス主義を中心とする近年のマルクス再評価論が新しい視点を示したことは、間違いない。

二　マルクス再評価論と共産党マルクス主義

マルクス再評価論への疑問

環境マルクス主義も近年のマルクス経済学者も、マルクス主義を党是とする共産党の綱領の内容にまったく触れていないのが、もう一つの特徴である。というのも、生産力至上主義とでも言うべき内容や、生産手段の国家的所有（大企業の国有化）、社会的所有などについては、共産党の綱領にはっきり書かれているからである。

共産党にとって綱領は絶対的で、特別の意味をもつ。様々ある政党のなかで、共産党ほど綱領を絶対視する政党はない。社会主義、共産主義をめざす革命政党であることがその理由である。綱領には明確に革命の思想（戦略、戦術）が記されている。共産党の綱領に対する論評や批判を抜きにしたマルクス再評価論はありえないと思う。

一つの領域を拡張して資本主義を終わらせるという、半世紀以上前に広まった「構造改革論」は、革命を放棄した〝修正主義〟（反革命）として共産党から厳しく排斥された。これだけではないが、共産党は革命を〝錦の御旗〟として少なからぬ人びとを排斥し、革命と一対の閉鎖的な鉄の規律（「民主集中制」）によって多くの人びとを排斥してきた。これはまぎれもなく人権侵害である。

人権問題は、共産党、マルクス主義にとってアキレス腱である。

現代の世界と日本にとって環境と人権はもっとも重要な課題である。環境マルクス主義が人権の問題に触れることがほとんどなく、それとの関連で共産党の革命論に言及しないのは問題だ、と筆者は考えている。

それからもう一つ、共産党がほかの政党と異なるのは、明確な資本主義史観をもっていることである。環境マルクス主義は資本主義の「歴史的限界」を強調しながら、共産党の「資本主義史観」については検討していない。

封建制から資本主義へ、資本主義から社会主義（その高度の段階としての共産主義）へという歴史の発展過程の中にみずからの歴史的使命を位置づけているのが、共産党である。

重要なことは、こうした歴史観のために資本主義の原理から外れた事実をすべて、資本主義以前の〝封建制の残滓〟、〝半封建的〟という概念で捉えてきたことである。その意味で、共産党の歴史観は「資本論」原理主義である。

マルクス・「資本論」を再評価し社会主義を展望するのであれば、共産党の歴史観と「資本論」原理主義をどう評価するかは、避けることができない論点である。

この共産党マルクス主義に対する抜本的批判がなされていないことが、衰退傾向にあるとはいえ、共産党がいまなお一定の影響力をもっている理由である。

共産党マルクス主義とは

戦後から今日《こんにち》までの近代日本経済史研究に強い影響をあたえてきたのは、共産党マルクス主義である。

共産党マルクス主義は、終戦直後の「社会科学」系の諸学問の確立に寄与した。「社会科学」という言葉は、戦前にはなかった。社会・歴史に関する学問も科学であり、科学である以上、自然科学と同じように理論と法則が必要とされた。理論と法則を体現したのはマルクス主義とされた。

その点で、戦後確立した「社会科学」系諸学問は、共産党マルクス主義を基調とするものだった。その影響をもっとも強く受けたのは、経済学（マルクス経済学）と歴史学だった。

ただ、経済学とは異なり歴史学の科学性は戦前から始まっていたとされた。それを示すものは、一九三二（昭和七）年から三三（同八）年にかけて刊行された「日本資本主義発達史講座」（全七巻）である。それは当時台頭しつつあった「皇国史観《こうこく》」（天皇中心の歴史観）に対抗し、日本資本主義を理論的、科学的に解明したものとして高い評価を受けた。

そのため、戦後確立した「社会科学」系諸学問の中でも歴史学は、「歴史科学」として戦前から光を放っていたとしてその中心に据えられた。

「日本資本主義発達史講座」を執筆したマルクス主義研究者と、戦後それを継承したマルクス主義研究者集団は「講座派」と称され、みずからもそう名乗った。

「発達史講座」は、当時の共産党の理論的指導者だった野呂栄太郎（一九〇〇年、北海道生まれ）が企画し指導したものである。その点で、「講座派」マルクス主義と共産党マルクス主義は同一である。

実際、「講座派」の主張は、当時コミンテルン（一九一九年に創設された国際共産党組織、共産主義インターナショナルの略称）の日本支部として設立された日本共産党の「三二年テーゼ」（一九三二年綱領）と一致するものだった。

「三二年テーゼ」の正式な名称は、「日本における情勢と日本共産党の任務にかんするテーゼ」である。この名称からも分かるように、これは共産主義インターナショナル執行委員会西欧ビューローが執筆し、英文『インプレコル』一九三二年第二三号、ドイツ文『インプレコル』同年四二号に掲載された文章を、日本共産党が翻訳したものである。

戦後の日本共産党の綱領（一九六一年綱領、二〇〇四年綱領）も、新しい状況に応じた新しい語り口ではあるが、資本主義に対する歴史観は「三二年テーゼ」とほとんど変わっていない。

それは前述したとおり、「資本論」原理主義と、それでは説明できないものをすべて〝封建制の残滓〟、〝半封建的〟と捉える見方である。言葉を変えて言えば、それは「資本制」か「封建制」かの違いはあるものの、すべて生産組織のあり方に還元する見方である。

市場と人権・人間の問題

こうした生産組織重視と革命重視のために、共産党マルクス主義は、近代の資本主義社会における貧困の問題を論じても、それとしばしば分かち難く結びついている人権の問題を認識することができなかった。人権の問題とは人間の問題でもある。

本書は冒頭で述べたとおり、近代日本経済史の裏側を述べることによって、共産党マルクス主義の「資本主義史観」を克服しようとするものである。裏側とは、共産党マルクス主義の理論的・構造的把握によって見えなくなってしまった人間像である。本来、人間像は歴史の中心であるべきだが、理論と構造の分析によって見えなくなり、裏側になってしまったという意味である。

それを反転させるためには、理論化、概念化することにこだわらず、歴史を可能なかぎり具体的に見ることが必要である。具体的な視点とは、市場（労働市場）と消費・需要サイドの視点である。そこに目を転ずれば、人権や人間の問題が浮かび上がる。
項を改めて、そのことを述べることにしよう。

三　共産党マルクス主義の「資本主義史観」

供給サイドの「資本論」

最初に、共産党マルクス主義（以下、「マルクス主義」と記す）がもっとも重視する「資本論」への筆者の素朴な疑問を示すことから始めたい。

「資本論」第一巻をはじめとするマルクスの文献によれば、資本主義のもとでは社会は資本家階級と労働者階級の二つの階級に分裂し（中間的利害の消滅）、資本家は賃金労働者の搾取をとおして資本の蓄積をすすめ、その結果、賃金労働者は絶対的にも相対的にも窮乏化するとされている。

しかしこの議論では、資本家が市場で販売する商品は、消費者でもある賃金労働者の窮乏化のために十分に売ることができず、資本の蓄積は進まないということになる。つまりマルクスの主張は、資本主義は革命的に変革される前に「自死」するという論理構成をとっている。

マルクスの議論がなぜこうした矛盾した論理構成をとっているかといえば、その経済学が徹底した供給サイドの立場に立っており、需要サイド、消費サイドの視点が完全に抜け落ちているからである。

資本主義の生成論

以上のことは、マルクス主義が説く資本主義生成史の議論にも貫かれている。それによれば、資本主義は封建制下の農民が生産力の発展とともに独立自営農民となり、その資本制的な両極分解によって、上昇した農民はブルジョアジーとなり、没落した農民はプロレタリアートになるとされている。

しかし資本主義の生成は機械制工場群の誕生を意味するもので、機械を操作する労働者の出身階層は（没落）農民だったのか、もしそうであれば機械を扱う技能はいつどのようにして身に付けたのかという素朴な疑問がわく。日本のばあい、機械工について言えば、農商務省（農業・通商産業・労働行政の官庁）が一九〇三（明治三六）年に発刊した「職工事情」のなかに旧職人層が機械工に転成したと、はっきり書いてある。また、マックス・ヴェーバーがその著書「プロテスタンティズムの倫理と資本主義の精神」のなかで指摘した資本主義の「理念」の担い手は、手工業者・職人だった。

そのことをふまえれば、前近代社会において職人層が比較的分厚く存在したところで資本主義が生成したのではないかと、筆者は考えている。そしてその職人層の厚さは、その国の文明の在りようと深くかかわっているように思う（仮設だが日本のばあいは〝仏教と武士の文明〟）。ただ、本論で述べるように、日本では職人から職工への転成はスムーズにはいかなかった。

さて、マルクス主義は、日本では前述したような封建制下の農民層の資本制的な両極分解は起きなかったとしている。その理由は、日本では封建制下の生産力の発展は弱く、農村への商品経済は十分に浸透せず、自給経済と商品経済が混在する状態だったためとしている。その結果、封建制末期の農民層分解は地主―小作関係（地主制）を生みだすような分解にとどまり、日本の資本主義は「半封建的」地主制を内包するものになった。これがマルクス主義の主張である。

したがって、マルクス主義を基礎とする戦後経済史学のなかで広い関心を集めた大きなテーマは、地主制の問題だった。地主制の「半封建制」が強調されるとともに、否定語としての〝封建制〟が戦前・戦後の日本社会と人びとの生活にいかに広く影響をおよぼしてきたかが強調されてきた。

資本主義の成立論

マルクス主義は資本主義の生成史論だけでなく、その成立論についても独特の見方を示している。即ちそれによれば、資本主義は生産手段生産部門（機械工業など）と消費財生産部門（綿工業など）の二つの部門で構成されており、この二つの部門が相互に関連し循環し再生産構造を描《えが》くようになること、これが資本主義成立の指標であるとしている。

これは、「資本論」第二巻の理論（資本の再生産論）をそのまま歴史に適用したひじょうに抽象的な規定である。一方、これを批判した非共産党系マルクス主義も、農業と結びついた自給的な家内工業（自給的衣料生産）が綿工業の機械制工業化で解体されたことをもって、資本主義の成立と捉えた。そのため、これまでの近代日本経済史研究は、産業としては紡績業が重視されるとともに製糸業、織物業、機械工業、鉄鋼業などが取り上げられてきた。

資本主義成立論では見えないもの

しかし、上記の資本主義成立論にもとづく産業史研究には、幾つかの問題がある。

一つは、前に述べたように供給サイドの経済を重視するあまり、需要サイド、消費サイドからみれば当然重視されるべき産業が顧みられなかったことである。人びとの生活の視点に立てば、酒・タバコ・お茶などは近代以前も以降も必要な必需品であり、それらはどのような形で生産されたのだろうか。

こうした生活必需品の多くを生産したのは、〝在来産業〟と呼ばれる産業である。資本主義成立論から見える産業は近代産業であり、〝在来産業〟は視野に入らない。もちろん、〝在来産業〟については、これまで数量経済史、実証主義経済史の立場から研究が行なわれてきた。しかし、マルクス主義の理論重視の姿勢のため、〝在来産業〟研究との学問的対話はほとんどなされなかった。そのため、本論で述べるように、租税問題を中心に間違った歴史像がつくられた。

第二は、近代産業を取り上げたばあいでも、マルクス主義は供給サイドに立って「生産過程」を重視するあまり、それを担う労働者はどのようにして募集されたのかという労働市場への関心が薄かった。先に述べたような農民層分解の不徹底や「半封建的」地主制を重視する視点から、せいぜい農民的性格を帯びた紡績・製糸女工の出稼労働に言及するにとどまった。

第三に、同じく近代産業に視点を限定しても、そもそもそれらを動かすエネルギーはどのようにして調達されたのかという問題への関心はなかった。近代日本のエネルギー源は、石炭と一部石油である。

地球規模の気候変動に対処するために温室効果ガスをいかに削減するかが問われている現在、現実との緊張関係を説くマルクス主義が、日本の資本主義成立期のエネルギー問題に関心がなかったことは指摘しておく必要がある。

もちろん、これまで石炭産業史の研究がなかったわけではない。ただ、マルクス主義のなかでは、石炭産業史は財閥史研究の一環として（銀行、商社、石炭産業の三つを事業基盤とする財閥）、あるいは日本資本主義の「半封建制」を示す「納屋制度」の問題として捉えられてきた。

しかし、後者の「納屋制度」についての具体的な研究は、マルクス主義ではなく、「エネルギー史研究」のグループによってなされてきた。また、マルクス主義は、「納屋制度」を〝封建的労働組織〟として捉え、本論で述べるように、これを労働市場の問題として認識することができなかった。

第四に、同じように近代産業に限定しても、工場の操業には道路や上下水道などのインフラの整備を欠かすことができない。その意味で、資本主義が成立するためには、その時点で土木建築業が発達していることが前提であり、それを担う多数の不熟練労働者（土木建設人夫）の存在が必要である。

また、資本主義の成立といっても、内需だけで完結することはなく、外国との貿易を欠かすことはできない。特に日本の資本主義のばあい、アメリカへの生糸輸出、中国への綿糸輸出、ヨーロッパからの機械輸入、インドからの綿花輸入という貿易への依存度がきわめて高い資本主義として成立したことが、これまで強調されてきた。

しかし、このことを具体的に考えれば、日本の資本主義が成立するためには貿易港の建築・拡張（築港）がきわめて重要だったことがわかる。

また、四囲《しい》が海に囲まれた日本の地理的環境を考えたばあい、近代の資本主義が成立すれば、それ以前よりいっそう海運による流通が発達し、そのための築港も必要とされる。さらに、近代の労働者の重要な栄養源となる魚類の捕獲（漁業）もそれ以前より発達し、そのための漁港の築港もすすんだものと思われる。こうしたさまざまな領域における築港は、それを担う多数の不熟練労働者が必要になる。

一方、貿易や海運のための築港が完成しても、当時大型船舶が着岸できる技術や技能は存在しなかった。そのため、港の岩壁から離れた所で停泊している船舶への積荷や荷下ろしを担う重務労働者（沖仲仕など）が必要とされた。

以上のように、資本主義の成立という理論問題を具体的に考えれば、重筋労働者を含むさまざまな不熟練労働者の存在が重要になる。

こうした不熟練労働者の多くは、前近代社会における都市の発展のなかで蓄積されてきた。マルクス主義は、封建制下の農村と農民層分解から資本主義の登場を説いたが、具体的に考えれば、前近代社会における都市の発展がないところでは資本主義は成立しえない、と筆者は考えている。

もちろん、マルクス主義は、上述したような不熟練（重筋）労働者を収容する施設（「人夫部屋」など）に言及している。ただ、その実態を深く追究することなく、「納屋制度」と同様にこれを〝封建的労働組織〟と捉え、日本資本主義の「半封建制」を示す一例として指摘するにとどまっている。そのため、そうした施設が、近代の資本主義成立にともなう労働市場の問題であるという認識を欠くこととなった。

以上、資本主義の生成と成立に関するマルクス主義の理論と、それに対する問題点を指摘してきた。まとめて言えば、マルクス主義の理論は、職人層、在来産業、エネルギー資源、また建築・港湾荷役業など、具体的に考えれば当然見えてくる問題に対する認識を欠いていた。

そして、マルクス主義が考慮しなかったこうした諸問題の多くの根底にあるのは、労働市場と需要・消費サイドの問題だった。

四　本書の構成

近代資本経済史の研究において、こうした労働市場や需要・消費サイドの研究を行なってきたのは、労働史研究である。労働史研究は、マルクス主義とは一線を画しつつ、同派の一部からは保守的（あるいは国家社会主義＝右翼）学会と批判された社会政策学会（一八九六年設立、社会改良主義の立場をとる）のなかから生まれた研究である。

マルクス主義によるこれまでの日本資本主義発達史の研究では、軽工業（製糸・紡績業などの繊維工業）、重工業（機械工業など）、農業・地主制、財政、外国貿易などが取り上げられてきた。

本書では、これまでのこうした分野ごとの取り上げ方を踏襲し、それに即して労働市場や需要・消費サイドの視点から何を問題にすべきか、何が問題かを具体的な史実（新史料、記録、証言にもとづくそれ）を提示して述べることにしたい。

まず第一章では、製糸・紡績業を中心とする繊維工業の出稼女工について述べる。これまでの「出稼」という言葉では単純に捉えることができない、その深層を明らかにする。

第二章は、これをふまえて、これまでほとんど究明されてこなかった出稼女工の「組合」について述べる。この「組合」についての史実認識を欠いていたために、いかに歴史の真実に迫ることができなかったかを論ずる。

第三章は、機械工業における「工場人夫」を取り上げ、それらの人びとの存在がどのような意味をもっていたかを述べる。そして、日本資本主義の成立にともなう労働者階級の誕生という理論が虚像であることを明らかにする。

第四章は、機械工業の職工の意識を取り上げる。彼らの意識は「階級」意識とはほど遠く、まったく別種の意識だったことを解き明かす。したがって、意識の面からみても、労働者階級の誕生という理論が誤りであることを指摘する。

第五章は、エネルギー産業としての石炭鉱業を取り上げる。特にマルクス主義によって〝封建的労働組織〟とされた「納屋制度」について考え、それが炭鉱労働市場にかかわる固有の問題であることを明らかにする。

第六章は、農業と土地所有の問題を取り上げる。この問題はこれまで、「半封建的」な「階級関係」としての地主制（寄生地主制）を中心に論じられてきた。しかし農業は、生産物（農作物、農業加工品）を購入する消費者とひじょうに近い産業である。消費者である当時の人びとは、そもそも米だけを食べていたのかという素朴な疑問がある。こうした消費サイドの視点に立って当時の農業の全体像を振り返り、これまでの「階級関係」としての地主制論の問題点を指摘する。

第七章は、財政の問題を歳入にかかわる租税の面から取り上げる。歳入は、これまで強調されてきたような地租ではなく酒税の比重が大きく、在来産業としての酒造業の広範な展開なしには近代日本の財政は成り立たなかったことを明らかにする。同時に、そうした酒造業の展開を支えた消費者の具体像も明らかにしたい。

第八章は、貿易と海運業を実際に担った港湾荷役業＝仲仕業と仲仕について、その実像を明らかにする。これまでこの分野についての研究はまったく存在しなかった。ただ、前述したように、マルクス主義はこの業種と組織を「納屋制度」と同じように〝封建的労働組織〟と規定してきた。本章では新史料にもとづき、そうした規定は誤りであり、この業種と組織が港湾荷役業固有の労働市場にかかわる組織だったことを明らかにする。

本書の構成は以上のとおりである。各章は三～六項から成る。これまで述べてきたことは最初の項と最後の項をお読みいただければ分かると思うが、たんに批判だけではなく新しい歴史像を提示するために、可能なかぎり豊かで興味深い内容を盛り込んだ。

そのため本書では、新しく発掘した史料やこれまで顧みられなかった史料・記録・証言を紹介することにしたい。なお、史料の引用文は、読みやすくするためにカタカナを平仮名にするなど一部修正した。

第1章 繊維工業（1）——女工周旋業

一 これまでの見方

繊維工業の女工数

産業革命とは機械制工場群の成立である。この産業革命をとおして資本主義は成立する。日本のばあいそれは、日清戦争（一八九四—九五年）、日露戦争（一九〇四—〇五年）後の時期である。

この時期の産業別の職工数をみてみよう（表1）。繊維工業とは製糸業、紡績業などである。繊維工業の職工数は職工全体の五〇%、六〇%以上を占めている。これに対して、機械工の職工数は全体の七—八%にすぎない。

職工のこうした構成に変化がみられるようになるのは、第一次世界大戦（一九一四—一八年）中、後のことである。すなわち大戦後の一九一九年、機械工業の職工数は全体の一六%を占めるようになり、その影響をうけて繊維工業の職工数の比率はやや減少している。しかしそれでも、繊維工業の職工数は全体の五七%を占めている。

表１　主要産業別職工数

（単位：人・％）

	1902（明治35）		1909（明治42）		1919（大正８）	
繊維工業	26万9千	(54.0)	44万2千	(63.9)	79万4千	(57.1)
機械工業	3　4	(6.8)	5　5	(7.9)	22　6	(16.2)
その他共計	49　9	(100.0)	69　2	(100.0)	139　1	(100.0)

出典：『日本労働運動史料』第10巻　統計編

このように、日本の資本主義成立期＝産業革命期の職工の構成は、繊維工業の職工が圧倒的な多数を占めていた。その構成は第一次世界大戦中・後に変化をみせるものの、機械工業の職工数が繊維工業のそれを上回るようになるのは一九三〇年代半ば以降のことである。

そして、この繊維工業職工の大部分は女性（以下女工と記す）だった。したがって、産業革命期の職工全体に占める女工の割合は、きわめて高かった。この点をみてみよう。

表1と同じように、一九〇二年、〇九年、一九年の三つ時点をとり、繊維工業の職工全体に占める女工の割合をみると、八八％（〇二年）、八六％（〇九年）、八二％（一九年）である。また、同じ三つの時点における全ての業種の女工総数に対する繊維工業の女工数の割合は、七五％（〇二年）、八五％（〇九年）、八四％（一九年）である。

このように、産業革命期から第一次世界大戦中・後にかけての職工の多くは、繊維工業を中心とする女工だった。機械工業を中心とする男性職工の数が女工の数を上回るようになるのは、おなじように一九三〇年代半ば以降のことである。

女工に関する見方とその問題点

製糸・紡績業を中心とする繊維工業の女工については、農村の小作農や貧農の未婚子女の出稼ぎだったこと、出稼ぎの目的は農家の貧しい家計を補うためだったこと、そのため低賃金だったことが、強調されてきた。そして、戦前における繊維工業の比重の高さ、そのなかにおける出稼女工の多さなどから、戦前の労働力を「出稼型」と類型的にとらえる見解も存在した。

また労働時間は、製糸業においては短くて一四時間、長いときは一七時間におよび、紡績業においても、昼夜一二時間の二交代制という長時間労働だったことが指摘されてきた。さらに、工場内の非衛生的な労働環境、女工の自由を奪う寄宿舎制度、食事の劣悪さなど、総じて苛酷な労働環境と生活環境が女工のさまざまな疾病を生んだことも強調されてきた。

そして、こうした事情が女工の帰郷、逃亡を生み出し、結果として女工の高い離職・退職率をまねいたとされてきた。

以上のような議論は、間違いではない。ただ、これでは説明できない問題がある。

その一つは、家計の補充を目的として子女を送り出す〝家〟は出稼先としてどの地域にどのような産業や工場があるか、その情報をどのようにして知ることができたのかという素朴な疑問である。農家経営が貧しいために子女を出稼に出すという供給側の事情と、製糸・紡績業の発展のために低賃金労働を必要とするという需要側の事情は自動的にマッチングしたのではないだろう。この点について、これまでの見方はさりげなく紹介人や募集人といった人びとについて言及してきたが、一体これらの人びとはどのような存在だったのか、その実態についてはほとんど解明されてこなかった。

もう一つは、これまでの見方では子女の出稼とその異常なまでに高い離職・退職率の関係が十分に説明されていないことである。家計を補充する目的で工場に入職した女工が早々の体《てい》で離職・退職するという事実を、これまでの見方は、劣悪で苛酷な労働・生活環境に勘《た》えかねた女工の帰郷・逃亡としてとらえてきた。そうした面があったことは否定できない。しかし、はるか遠くまで出稼に出た女工が一人で故郷に帰ることは相当に困難だったと思われる。また、〝苛酷でない〟労働・生活環境を求めて逃亡するというのもリアリティーに欠ける。工場に入職するさい紹介人や募集人の関与があったとすれば、帰郷や逃亡についてもそういった人びととの関係でとらえる必要がある。

以上要するに、これまでの見方は製糸・紡績業の工場と出稼女工という二項対立の枠組にとらわれ、そうした枠組のなかでは視野にはいらない紹介人・募集人といった「中間」の人びとについての究明が疎《おろそ》かにされてきた。結論を先取りして言えば、これらの人びとは女工周旋業（斡旋業）に従事する者である。以下、このことについて詳しく述べることにしよう。

二　女工の募集と周旋業

募集方法

一九〇三（明治三六）年農商務省（農業・通商産業・労働行政を担う官庁）は、工場労働の調査報告書として「職工事情」を刊行した。同書は産業革命期の生糸・紡績・織物・鉄工・硝子《ガラス》・セメント・燐寸《マッチ》など諸産業の労働実態を詳しく記した全五巻で構成されている。そのなかの「附録」には、記述の基になった諸産業の職工の声が生《なま》々しく記録されている。歴史学においては聞き取り調査の重要性がたびたび強調されてきたが、明治政府（農商務省）の官吏（その委嘱者）が早々とそれを行ってきたことにこれまで関心を払ってこなかった。そのため、「職工事情」についてもその「附録」についても真剣に読まれることはなかった。

さて、「職工事情」のなかの「生糸職工事情」は、製糸女工の募集方法について次のように記している。

「寄宿舎に入る女工、特に遠い地方から募集してきた女工については、非常に注意する必要がある。この場合、工場主と女工の間に紹介人が存在する。あるいは工場主が臨時に募集員を派遣することもある。製糸工場が立地する地方によって募集方法は異なるけれども、いずれも工場主と女工またはその父兄は間接の関係になる」。

つまりここでは、工場主が地方で製糸女工を募集するばあい「紹介人」という仲介者をとおして募集したり、「募集員」を臨時に雇い地方に派遣して募集したりすること、したがって工場主と女工（その父兄）の関係は間接的な雇用関係になることが、述べられている。

また「綿糸紡績職工事情」も、紡績女工の募集方法についてこう記している。

「女工募集の方法については、各工場の社員を派遣して募集する方法と紹介人の手をとおして雇い入れる方法との二つの方法がある。しかし社員を派遣する場合でも、募集地がその社員の郷里ではないとき、あるいはほかの社員と特別の関係がないときは、派遣された社員はその地方の状況が詳しくないため、必ず紹介人の手を経て募集せざるをえない。社員による募集と紹介人による募集、この二つの募集方法を明確に区別することは非常に難しいけれども、要するに紡績工場の女工募集に際し紹介人が必要であることは、疑う余地のない事実である」

この記述が示すように、紡績業においても工場主と女工の関係は、多くのばあい「紹介人」という仲介者が関与した間接雇用関係だった。

以上述べてきた「紹介人」によって募集された女工の生の声は、「職工事情」の「附録」におさめられている。まず製糸女工について。新潟県小沼郡出身の一二歳の女工は、一九〇二（明治三五）年一〇月次のように語っている。

「私は去年五月当市に参りました。故郷を出るときは何の気もなくただ母の言うがまま募集人とか飛脚とかいう者に連れられ、ほかの者と一緒に当地に着き、その日すぐに当市〇〇町〇〇さんという所に連れて行かれ、何をするというわけでもなく一週間程そこで世話になっておりました。すると〇〇の息子が私を○○方へ連れていき、いよいよ同家（個人経営の製糸工場―注）で勤めることになりました。ただ給金とか小遣《こづかい》とか、そのようなお金のことは一切《いっさい》聞いておりませんでした」

紡績女工についても「職工事情」の「附録」は、その声をおさめている。一九〇二（明治三五）年二月、一六歳の女工は次のように語っている。

「私は富山県の生まれです。八歳のとき親兄弟の膝下《ひざもと》を離れ、地元の桂庵《けいあん》（周旋業―注）某に連れられて東京の○○紡績会社に来ました。そこで二年程働いておりました。ただ、その間の給料などは一厘も私に入りませんでした。多分、中間に立った世話人が誤魔化《ごまか》したのでしょう」

「附録」は以上のような紹介人、募集人などの周旋業者（口入《くちいれ》業者）、当事者の話もおさめている。たとえば、「○○県○○町口入業者」は、その仕事の内容について「私は周旋業をしておりますが、女工以外の種類の者はあまり世話はいたしません。これまで私が取扱った女工の数は七百人以上です」と語っている。

以上のように、製糸・紡績業の女工の募集には紹介人、募集人といった周旋業者が介在しており、女工が語るところによれば、かの女らへ支給されるべき賃金はきわめて不明瞭だった。

手数料

女工が語る賃金の不明瞭さは、紹介人、募集人といった周旋業者が受け取る手数料の問題が存在したからである。この点について「生糸職工事情」は、次のように述べている。

「手数料は募集した女工の技能奈何《いかん》によって異なる。即ち募集人が若干の女工を率いて工場へ来たとき、工場主はこれら女工の技能を試験して等級を付け、その等級に応じて紹介人に支給する手数料の額を決定する。諏訪地方（当時の日本最大の製糸業地帯―注）においてはその手数料は、一等の女工一人につき一円ないし二円である」

女工一人につき手数料一円ないし二円という金額は、当時（一九〇〇〜〇三年）の製糸女工の賃金、日給二〇銭の五日分ないし一〇日分にあたる。こうした製糸女工の募集のさいの周旋業者への依存と周旋業者にたいする手数料の支払いは、産業革命期後の一九二〇年代になっても行なわれている。この時期の手数料は女工一人につき最低三円から二五円で、その額はこの時期の製糸女工の賃金・日給九六銭の三日分から二六日分にあたり、産業革命期より増加している。

紡績女工のばあいも、工場から周旋業者へ手数料が支払われていた。「綿糸紡績職工事情」はこう記している。

「紹介人は職工となるよう相当の数の婦女を勧誘している。紹介人は一名につき一円前後の手数料を得るだけでなく、場合によっては格別の賞与を受け取ることもある。紹介人は募集して集めた職工を会社から派遣された募集人に引き渡すか、自ら女工を率いて会社に赴《おもむ》く」

女工一人あたりの手数料一円という金額は、この時期（一九〇一年）の紡績女工の平均賃金、日給一九・三銭の五日分にあたる。また周旋業者は、供給する紡績女工の「保証人」になることによって、工場から毎月一定の「保証料」の支給をうけるばあいが多かった。このことについて、同じく「綿糸紡績職工事情」は以下のように述べている。

「雇用契約について女工は保証人を立てることを必要とする。規則上この保証人は父兄、後見人あるいはその他の親族となっているが、実際は紹介人が保証人になる場合が多い。この場合、女工は保証人にたいして毎月若干の保証料を支払うことになる。しかし実際は、この保証料は工場主が毎月女工に支給する賃金の中から控除して保証人である紹介人に給付している」

この記述は、「保証料」が事実上周旋業者による紡績女工の賃金の〝ピンはね〟だったことをものがたっている。

こうした「保証人」を兼ねた周旋業者は、紡績工場の近くで「指定下宿」を営む者が少なくなかった。この点について「綿糸紡績職工事情」は次のように記している。

「指定下宿とは工場の付近にある下宿屋のことで、会社の承認を得て職工を寄宿させる所である。その中には工場が所有する建物を貸し渡し、下宿業を営ませるものもある。この指定下宿の主人の多くは、前に述べた職工の募集人、紹介人であり、同時に職工の身元保証人である」

こうした「指定下宿」に入っている紡績女工の下宿料は、本人がみずから「主人」に支払うのではなく、工場主が賃金支払い日に下宿料分を差し引いて直接「主人」に給付するのが一般的だった。

以上のように、周旋業者である紹介人、募集人は女工を工場に直接供給するが、そのばあい「保証人」を兼ねて供給するか、あるいは「指定下宿」に収容したうえで供給するかなど、女工の供給方法にはいくつかの形態があった。こうした「指定下宿」を経営する者についての証言は、「職工事情」の「附録」

にもおさめられている。ある紡績工場で働いた女工は、一九〇一（明治三四）年八月次のように語っている。

「下宿屋の爺《じじい》が職工を誘拐するという話があります。会社の指定下宿屋は大体会社から若干の補助を受けておりますから、指定下宿屋の爺は職工を誘拐する者がひじょうに多いのです。職工の雇用契約は十中八、九職工が知らない間に下宿屋の主人、紹介人、周旋人らがするのです。肝心《かんじん》の契約した職工は、そのことを少しも知らないといっていい位です」

この証言は、「指定下宿」の主人（「爺」）は人身売買的な募集（「誘拐」）することが多く、女工の意思にかかわりなく勝手に工場側と契約を結んでいることを示している。

募集と手数料、その後

以上紡績女工について述べてきたことは、一九〇〇年ころの産業革命期のことであるが、第一次世界大戦後の一九二〇年代になっても、紡績女工の募集方法には基本的に変化がない。一九二九（昭和四）年、中央職業紹介事務局（二一年職業紹介法の公布により中央と市町村に公営の職業紹介所が設置された）が刊行した「紡績労働婦人調査」という調査報告書がある。それに記されている二七（昭和二）年七、八月現在の紡績工場三四、紡績女工二万一八五二人についての調査によれば、女工の就職経路は、「会社指定の募集人」一万三七一三人（全体の六三％）、「其他《そのた》の募集人」五九八人（同三％）、会社の直接募集一八〇九人（同八％）、親兄弟・親類・友人・知人などによる縁故募集五六八九人（同一七％）、その他・不明二〇四三（同九％）だった。このように、工場が指定した者を中心とする募集人によって入職した女工が多数を占め、工場の直接募集によって入職した女工は一割にも満たなかった。

一九二〇年代にはいっても紡績工場の多くは、女工募集を産業革命期とおなじように紹介人・募集人といった周旋業者に依存しており、そうした業者にたいして、前の時期とおなじように手数料が支払われた。さきの「紡績労働婦人調査」は次のようにのべている。

「最近は募集人が紹介料として会社から受け取る金額は、女工一人に付き四円というのが大多数である。これを詳しく見れば、募集する地方に会社の出張所がある場合は、出張所渡しとなり、女工一人に付き三円ないし五円。出張所渡しに対して本社渡しと称するものがあるが、これは女工を工場まで連れていく場合である。この場合、募集人は女工の旅費中から一円ないし二円を浮かし、前記の四円に加算する。本社渡しの場合の募集人の旅費は二通りある。一つは、女工四人以上を引率し引き渡した時は往復旅費（汽車賃と弁当代）、四人未満の時は片道旅費が会社から支給されるというものである。もう一つは、女工四人以上は往復旅費として二〇円。四人未満は片道旅費として一〇円が支給されるというものである」

ここに記されているような女工の「出張所渡し」、「本社渡し」という区分が産業革命期にも存在したのかどうかは、知ることができない。募集人が受け取る旅費は、女工の旅費を含めて、それを節約するか過大申告するかによって手数料以上のおおきな額になる。ちなみに、往復旅費二〇円、片道旅費一〇円という金額は、この時期の紡績女工の賃金、日給一円一銭の二〇日分、一〇日分に相当する。

また一九二〇年代になると、紹介人への「保証料」支給という産業革命期の慣行のより発展した形態がみられるようになる。すなわち、紹介人や募集人といった周旋業者が供給した女工の保証人となり、工場から毎月「保証料」を受け取るという形から二〇年代になると、供給した女工にたいする一種の「支配権」とでも言うべき機能をもつようになる。したがって、工場から周旋業者にたいして支給される手当は、たんなる「保証料」ではなく、「支配権」にもとづく当然の手当となった。さきの「紡績労働婦人調査」は、その手当が「人頭《じんとう》手当」、「人員手当」、「在職手当」、「月手当」などと呼ばれているとし、次のようにのべている。

「募集人が自己の募集によって就職させた女工の在職中、一人当り三〇銭ないし五〇銭が毎月会社から支給される。例えば在場女工二百人を有する募集人は、女工一人当り四〇銭として月八〇円の収入がある。なおこれを詳しく見ると、入社の翌月から女工の技能一等工は四〇銭ないし五〇銭、二等工はそこから五銭、一〇銭ほど下がり、その金額が募集人に支給される。あるいは在場女工二〇人未満は一人当り二〇銭、そこから一〇人増えるごとに一〇銭が加算され、最高額は女工一人当り一円という工場もある」

ここに記されているように募集人は、供給した女工の技能等級や供給数に応じて毎月「人頭手当」を受け取ることができた。女工は会社が雇用しているようにみえて、実際は募集人が女工にたいして「支配権」をもっていた。

会社が募集人に支払う「人頭手当」は、供給する女工の数によっては巨大な額にのぼっている。たとえば大日本紡績（一九一八年紡績企業二社が合併してできた大紡績企業）のばあい、毎月募集人に支払う「人頭手当」は三千円余にのぼった。

女工の移動と周旋業

帰郷、逃亡といった女工の移動が激しかったことについては最初に述べたとおりである。この点を女工の勤続年数から、あらためて見てみよう。

「生糸職工事情」によれば、当時日本最大の製糸業地帯である長野県二〇五工場の製糸女工（一万二五三九人）の勤続年数（一九〇一年現在）は次のようである。「六か月未満」一三七五人、全体の一一％、「六か月—一年」二八四二人、同二三％、「一年—三年」四七〇六人、同三七％、「三年以上」三六一六人、同二九％

製糸女工のこうした勤続年数構成は長野県にかぎらず、ほかの県でも同様である。製糸女工の三分の一は勤続年数一年未満だった。

一方、紡績女工の勤続年数は、「綿糸紡績職工事情」によれば（一九〇二年、関西一六工場一万九三四四人についての調査）、「勤続六か月未満」五二八一人、全体の二七％、「六か月—一年」三九六〇人、同二〇％、「一年—三年」五八〇一人、同三〇％、「三年以上」四三〇二人、同二二％、である。紡績女工の半数弱が勤続一年未満であり、勤続三年以上は紡績女工のほぼ五人に一人にすぎない。

以上のように、製糸女工も紡績女工も勤続一年未満の短期勤続者が多く、勤続三年以上の企業定着志向の高い女工は少なかった。最初にのべたように従来の研究は、女工のこの労働移動率の高さを労働・生活環境の劣悪さ苛酷さに堪えかねた女工の帰郷や逃亡としてとらえてきた。この指摘に従えば、農家の家計補充を目的とした女工の出稼はその目的を達成できなかったということになる。しかし、女工の出稼に紹介人、募集人といった周旋業者が強くかかわっていたことをふまえれば、女工の移動も周旋業者との関係でとらえることが必要である。「職工事情」にはそのことを示す記述がある。

まず製糸女工の移動について、「生糸職工事情」は次のように述べている。

「女工で他の工場に転職しようとするときは、結婚するとか養女に行くとかいろいろな口実を作る。そして、そのことについての証明書を持ってきて解雇を求める。この場合、工場主は奈何《いかん》ともすることができない。やむを得ずその求めに応じると、その女工は直ちに他の工場に転じることになる」

結婚資金を含めて家計の補充を目的に出稼に出た女工が、おなじ「結婚」を理由に自分の「解雇」を求めるということは不自然なことである。右の文章はそれを「口実」（言い逃れ）ととらえている。女工がみずからの判断でそうした「口実」を作りあげたとみるのは無理があろう。女工募集のさいの周旋業者の関与をふまえれば、女工のこうした転職「口実」は、手数料を稼ぐための周旋業者によって唆《そそのか》されたものではないかと推定することができる。

「綿糸紡績職工事情」は、このことをより明確に記している。すなわち同書は、「紡績女工と称される者の中には労働を目的とせず紹介人と共謀して工場を転々とし、詐《いつわ》って旅費手数料を貪《むさぼ》ることを目的とする者がいる」と述べ、さらに、大規模な周旋業者の行為を次のように記している。

「紹介人は、紡績工場による女工争奪合戦を機として利益を得ようとすること、最も甚《はなはだ》しい存在である。大阪ではこの種の業を職業とする悪漢が少なくない。中には某組と称する団体がある。この団体は詐偽的行為で女工の紹介をする。この団体の首領は著名な賭博の親分であるが、女工の紹介を生業《なりわい》とする。そのやり方《かた》は、甲工場に紹介した女工を数日も経《た》たないうちに乙工場に紹介し、程《ほど》なく更《さら》にその女工を丙工場に紹介し、そのたびに手数料を貪《むさぼ》る。あるいは、最初から若干名の女工を抱え、それらの女工を率いて工場を転々とし、利益を図《はか》っている」

「綿糸紡績職工事情」は、右に記したことはけっして例外ではないとし、「こうした手段は、紹介人の中で常に行なわれるものであり、これを例外とみなすことはできない」と指摘している。

この点について証言は、「職工事情」の「附録」にもおさめられている。東京のある紡績工場で働いていた元「職工係」の人物は、一九〇〇（明治三三）年次のように語っている。

「大阪に〇〇組と称し女工の争奪を仕事とする党類（徒党）がいる。その頭《かしら》は〇〇〇〇という者で、元々《もともと》賭博の親分だったが、近ごろは紡績女工の周旋を行ない、自分の利益を図るために女工の争奪をするようになった。この徒《やから》は〇〇教に属し、宗教的活動を通して各地で女工を募集して大阪の各工場に売り付ける。そして、いったん工場に入れた女工を再び引き出し、利益を得ている」

以上のような紡績女工の意識的な出し入れによる周旋業者の手数料稼ぎは、産業革命後の一九二〇年代になっても普通に行なわれていた。細《ほそ》井《い》和《わ》喜《き》蔵《ぞう》（一八九七―一九二五）が一五年間におよぶ紡績工経験を通して書いた「女工哀史」（一九二五年刊）という本がある。その中で細井は、「募集人が……関係をつけた女を方々《ほうぼう》の工場へ転々させて果ては女郎に売り飛ばしたり銘酒屋へ私婚に追いやったりした例を私だけでも十数件知っている」と述べている。

さらに細井は、東京周辺の紡績工場では女工の募集方法に「市内募集」と「地方募集」の二つの方法があり、前者を「他工場からの誘拐」と規定し、次のように述べている。

「S社とC社の外勤係は最初のうちは犬と猿のようにいがみ合っていたが、遂に自己の利益のためにいいように妥協してしまった……。世話をして入れた女工が六か月前後、つまり一定期間さえ勤めればとにかく二十円内外の周旋料が貰《もら》える故、これをよしとして甲の工場から乙の工場へ、乙から甲へ、さらに（女工）仲間を揃《そろ》えて丁から丙へ、丙から丁へ、甲から丁へ、丁から甲へといった調子に（外勤係同士が）妥協して女工の入れ替えをやる……。そうして彼らは時ならぬ女工成金になったのであろう。自分で（女工）百人をもっていて六か月ずつ工場を転々させれば結構いい職業になるのだから。彼らはこうして私腹を肥やす」

このように紡績工場の「外勤係」は、工場間で頻繁に女工を回し多額の収入を得ていた。ただしこの「外勤係」は、紡績工場の正式な内部組織でもその正規の従業員でもなかった。「外勤係」について、細井は別の箇所でこう指摘している。

「一九二三年末だ無頼漢《ぶらいかん》と関係のない工場は皆無だ。紡績工場は何らかの名目でゴロツキを傭っている。（中略）無頼漢は各会社工場によって名目必ずしも一定しないが、おおむね関東では『外勤係』などと言い、関西では『督促《とくそく》』と称《となえ》るようである。一例を引けば内外綿会社第一紡績工場の大阪伝法には鴻池《こうのいけ》という大親分があり、その幕下《ばっか》（配下）に少数の中親分があってそれぞれ数多《あまた》の乾分《こぶん》をもち、丸場を筆頭に多数の工場に入れ込ませている」

以上述べたような親分的存在を含む周旋業者による配下「女工」の工場への出し入れ、工場間回しが、女工の移動率の高さを規定した要因だった。

女工移動率の高さは短期勤続者の多さに示されているが、一九二〇年代の女工移動率を直接見てみよう。「紡績労働婦人調査」によれば、一九二六（昭和元）年一二月末現在の紡績女工（A）は二二万三五一六人、二七（昭和二）年の年間に「解雇」された女工（B）は一三万八六九二人で、その「解雇」率（B／A）は六二％だった。こうした被「解雇」者は、紡績企業側の人員整理策によって文字通り解雇された者ではない。「紡績労働婦人調査」は別の箇所ではこの被「解雇」者を「中途退場者」と呼んでおり、さまざま理由をつけて、あるいは何の理由もなく工場から出て行った女工を、工場側が「解雇」処分にしたというのが実態である。

周旋業者による女工の工場への出し入れ、工場間回しを企業側が事前に規制することができず、事後に把握した人数を被「解雇」者としたと考えられる。前記の六二％という数値は、そうした背景をもつ女工の移動率であった。

三　周旋業者の社会的特徴

周旋業者の人数

それでは、以上述べたような周旋業者はどれほどいて、どのような特徴をもった人びとだったのだろうか。ただ、産業革命期についてこのことが分かる史料は存在しない。それが分かるのは、一九二〇年代の周旋業者についてである。

ただ、この時期の周旋業者は「募集従事者」と呼ばれている。前の時期から始まっていた各都道府県の「労働者募集取締規則」の制定（この点後述）によって、募集に従事する者の周旋行為は届出制となり、その許可をうけた（許可率九七―九八％）者は、「募集従事者」と呼ばれるようになった。

この時期の「募集従事者」と産業革命期の周旋業者との間に大きな差異はないと考える。以下、この時期の「募集従事者」について検討することにしたい。

一九二五（大正一四）年に東京地方職業紹介事務局が刊行した「管内製糸女工調査」という調査報告書がある。それによれば一九二二（大正一一）年度において「募集従事者」を使用する工場は六〇八二工場で、そのうち繊維工場は五九九九工場と圧倒的多数（全体の九九％）を占めている。また「募集従事者」の人数は、同年現在、製糸工場、紡績工場はそれぞれ二万七八八〇人、一万六五〇二人で、工場で使用する「募集従事者」総数五万二〇三人のそれぞれ五六％、三三％、合わせて九〇％近くを占めている。

こうした「募集従事者」が府県ごとにどれ程いたのか東京地方職業紹介事務局管内（東京とその周辺諸県）でみると、多い順に新潟県一万四五七人（合計二万六〇八〇人の四〇％）、長野県六二一三人（同二四％）、山梨県二三七六人（同九％）、静岡県一六三六人（同六％）、群馬県一二七二人（同五％）である。

また「募集従事者」が一人当りどれほどの職工を募集したのか二四（大正一三）年五月末現在の同管内でみると、多い上位五県は山梨県一六七人、山形県一五一人、福島県三〇人、新潟県二六人、茨城県二二人で、管内諸県の平均では一八人である。

男女別年齢・学歴構成

次に、「募集従事者」の男女別・年齢別構成をみてみよう。ただし資料上、紡績女工の「募集従事者」しか分からないのでそれをみることにする。

前出の「紡績労働婦人調査」によれば、一九二七（昭和二）年現在、紡績女工の「募集従事者」は五四二五人で、そのうち男性は四五五八人、八四％、女性は八六七人、一六％だった。「募集従事者」の圧倒的多数は男性だったが、女性も少なからぬウェイトを占めていた。

「募集従事者」の年齢構成を二〇～二九歳、三〇～三九歳、四〇歳以上の三つの年齢階層別で見ると、男性はそれぞれ男性全体の九％、二三％、六八％であり、中高年者が多数を占めている。これに対して女性はそれぞれ、女性全体の一五％、一八％、六七％であり、男性と同じように中高年者が多いものの、二〇歳代の比率が比較的高い。もっとも、同じ調査報告書によれば、紡績女工二万一四四〇人のうち「未婚者」は一万九二九六（全体の九〇％）で、その多数が二五歳未満であると考えれば、女性の「募集従事者」の年齢がいかに高かったかが分かる。

また、紡績女工「募集従事者」の学歴構成をみると、男性と女性とでは明らかな違いがある。すなわち、「無学」、「尋常小学校中途退学」の低学歴層は男性で低く（四％）、女性で高い（三六％）。反対に「高等小学校卒業」、「中等学校卒業」以上の高学歴層は、男性で高く（三六％）、女性で低い（八％）。

「募集従事者」女性の学歴構成の低さは、紡績女工のそれと比較したばあいいっそう明らかである。同じ調査報告書によれば、紡績女工二万一三六八人のうち「尋常小学校中途退学」以下の低学歴層は四三二七人、全体の二〇％で、「募集従事者」女性のそれよりも少ない。また、「尋常小学校卒業」の中位学歴層は一万四六九五人、全体の六九％で、「募集従事者」女性のそれ（四六％）よりも多かった。

前職と経済的階層

それでは次に、以上述べた紡績女工「募集従事者」はどのような職業階層から生みだされたのだろうか。さきと同じ調査報告書によれば、「募集従事者」四一八〇人の前職（この項目では男女の区別はない）は、「農業」二一三八人、全体の五一％、「工業」一〇一一人、同二四％、「商業」四八六人、同一二％、「無業者」一九七人、同五％、「水産業」六二人、同一％、その他の職業二八六人、同七％である。「募集従事者」の前職は「農業」がもっとも多くその半数を占め、「工業」（その具体的な職業内容はわからない）、「商業」とつづくが、この三つで全体の八七％を占めている。

こうした「募集従事者」の前職について、福岡地方職業紹介事務局が一九二八（昭和三）年に刊行した「出稼女工に関する調査」は、次のように記している。

「募集従事者の前職について述べれば、農業、漁夫、小売商人というのが最も多い。（中略）農家、漁夫、小売商人を本業とするか、女工募集を本業とするかという事は、個々について見なければ困難である。しかし実際に調査したところによると……農業といっても申訳《もうしわけ》的に近所の畑を耕すだけの者や、漁業といっても荒骨を折らない程度の者というのが多い。酒小売、たばこ、文房具、駄菓子というような店をやっている者もかなり見受けられた。特に酒商という者が比較的多かった。これなどを見て、いったん女工募集従事者となり手数料を手にするようになれば、労作《ろうさく》に従事する気になれないのではないかと思はせる」

このように「募集従事者」の職業は、外見上は兼業というかたちをとっているものの、周旋業の方が収益が高いため実際には専業化しており、外見上の兼業が前職とされている。またここでは、前に述べたような大規模な周旋業を営む「親分」だけではなく、さまざまな分野で自営業を営む中間層から「募集従事者」が生まれたことが示されている。

そこで次に、紡績女工「募集従事者」はどのような経済的階層に属する人びとだったのか、これをより具体的に資産額からみてみたい。

「紡績労働婦人調査」により、まず男性「募集従事者」三一八六人の資産額をみると「資産無し」は八四五人、二七％、資産額「五〇〇円—九九九円」は一〇七四人、三四％、同「一〇〇〇円—一九九九円」は六二一人、一九％、同「二〇〇〇円以上」は六四六人、二〇％、である。一方、女性「募集従事者」六二一人の資産額は、「資産なし」は三二四人、五二％、資産額「五〇〇円—九九九円」は一七三人、二八％、同「一〇〇〇円—一九九九円」は八一人、一三％、同「二〇〇〇円以上」は四三人、七％である。

このように、「募集従事者」の男性は四人に一人、女性は二人に一人が「資産なし」の階層に属しているものの、それ以外は資産を有する階層に属している。上記の資産金額は社会的にはどのように位置づけられるのだろうか。この時期の二つの調査報告書からみてみたい。

一つは農林省農務局「農家経済調査（大正一四年度）」である。これは自作農、自小作農、小作農、計一八七戸に関する調査であるが、その耕作面積の平均は二三町四反であり、この時期の農家の平均耕作面積が一町未満だったことを考えれば、調査対象の農家はかなり豊かな農家（富農）だったと考えられる。この点をふまえてこの調査をみると、一年間の農業所得（農業収入から農業経費を差し引いた額）はそれぞれ平均で、自作農一三九六円、自小作農一二三六円、小作農九九六円で、全体の平均では一二一七円である。

もう一つの調査は、内閣統計局「家計調査報告　自《より》大正十五年九月至《いたる》昭和二年八月」（第二巻）である。この調査は一九二六年九月から二七年八月までの一年間の給料生活者・労働者四七八世帯に関する調査である。これにより計算すると、二六年九月の給料生活者・労働者の平均収入は一〇三円となる。これを年収に換算すれば一二三六円である。

以上の二点をふまえて、さきの「募集従事者」男性の資産額をふり返ると、ほぼその六〇％（「資産なし」を含む）は富農の年間農業所得や給料生活者・労働者の平均年収におよばないものの、約二〇％はそれに相当する資産、さらに二〇％はその二倍以上の資産を有していることがわかる。

一方、「募集従事者」女性の資産はほぼその八〇％（「資産なし」を含む）が富農の年間農業所得や給料生活者・労働者の平均年収におよばないものの、二〇％はそれに相当する、あるいはそれ以上の資産を有していることがわかる。もっとも、当時の女性の経済的地位を考えれば、女性「募集従事者」のほぼ半数が五〇〇円以上の資産を有していることの方が重視されなければならないだろう。

このようにみると、男性、女性とも紡績女工「募集従事者」は比較的高い経済的階層に属していた。さきの「出稼女工に関する調査」の「募集従事者は或《あるい》は家を作り、比較的ゼイ沢《たく》をして居る」という観察は、そのことを示している。

四　道府県「労働者募集取締規則」

工場法と「取締規則」

これまで述べてきたことから明らかなように、一九〇〇年前後の産業革命期から二〇年代にかけて製糸・紡績業の女工の募集は、工場主から独立した周旋業者につよく依存していた。そうした女工の募集はいろいろな弊害をもたらした。その弊害を取り除くために各道府県は、同じ時期にさまざまな「労働者募集取締規則」を道府県令として制定した。

これまでのこの時期の労働政策は、一九一一（明治四四）年の工場法の成立、一六（大正五）年の工場法施行令（勅令＝天皇の命令）の発出を中心に議論が展開されてきた。工場法は職工一五人以上を使用する工場を対象に、女性・年少者を「保護職工」とし、その就業制限、労働時間の制限、労災扶助制度などを規定した法律である。この工場法成立の意義は大きくけっして無視することはできない。ただ工場法に関するこれまで議論は、最初に述べた女工の劣悪で苛酷な労働環境との関係で論じられており、工場法がその一七条で「職工の雇入、解雇、周旋の取締……に関する事項は勅令を以て之《これ》を定める」とし、工場法施行令はその三四条で「職工の周旋に付き詐術を用いた者は二百円以下の罰金に処す」と罰則規定を設けていること、これらの点についてはまったく注目してこなかった。

これまで述べてきた「女工」周旋業との関係では、工場法・同施行令のこれらの条項が重要である。

道府県「労働者募集取締規則」の制定は、次に述べるその制定時期から考えると、工場法・同施行令の上記の条項につよい影響をおよぼしたものと考えられる。

道府県「労働者募集取締規則」の制定は文字どおり全国におよんでいる。まずその制定時期を五年刻みでみると、日清戦争後の一八九六（明治二九）年から一九〇〇（明治三三）年までが17道府県、一九〇一（明治三四）年から〇五（明治三八）年までが9道府県、日露戦争後の〇六（明治三九）年から一〇（明治四三）年までが22道府県、一一（明治四四）年から一六（大正五）年までが9道府県、となっている。

これらの道府県「労働者募集取締規則」は大きくみると、女工をはじめとする職工や労働者のみを募集・斡旋する周旋業者に対する規則（以下、規則Aと記す）と、芸娼妓や酌婦《しゃくふ》などを募集・斡旋する一環としてそれをおこなう周旋業者に対する規則（以下、規則Bと記す）、この二つが別々に制定されている道府県が少なからず存在する（上記の制定時期別道府県の数が47を越えているのはそのため）。

「取締規則」の内容

そこで次に、「労働者募集取締規則」の取締り内容をみてみよう。

その第一は、募集に従事するさい募集地の所轄警察署に届け出ることを義務づけていることである。二つほど例を挙げる。一八九七（明治三〇）年に発出された鳥取県「職工募集取締の件」と、一九一二（大正元）年に制定された山梨県「工女募集取締規則」は、それぞれ次のように規定している。

「婦女または未成年の職工を募集しようとする者は、自己と紹介人の住所、氏名、募集の期間、募集する人数、男女の別、年齢、紹介人の手数料および雇用主の契約事項を記して予《あらかじ》め募集地警察官署に届け出ること」(箇条なし)

「工女を募集しようとする者は、本県内に募集事務所を定め、左の事項(省略)を記し予め所轄警察官署に届け出ること」(第一条)

以上のような所轄警察署への届け出の義務は、規則Aにみられるものである。ただ、芸娼妓や酌婦などを中心に広く「労働者」を募集するばあいの規則Bでは異なっている。すなわち、こうした分野での募集行為は、その名称は多くのばあい「紹介営業」とされ、所轄警察署の許可(認可)を受けることが必要とされている。同じく二つほど例を挙げると、一八九九(明治三二)年に制定された大阪府「紹介営業取締規則」、一九〇一(明治三四)年に制定された茨城県「紹介営業取締規則」は、それぞれ以下のように規定している。

「紹介営業を行なおうとする者は、左の事項(省略)を記し、所轄警察官署に届け出てその免許を受けること」(第二条)

「紹介営業を行なおうとする者は、族籍(士族か平民か—注)、氏名、年齢、営業の種別、営業所を記し、所轄警察官署に届け出てその許可を受けること」(第二条)

以上のように、同じ周旋業者の募集行為といっても「届出制」の「女工」募集と「許可制」の「芸娼妓・酌婦」募集とではその規則に違いがあった。

「労働者募集取締規則」の取締り内容の第二は、とくに規制Aについてであるが、すでに雇用されている者の募集・引き抜きを禁止していることである。一九〇六（明治三九）年に制定された三重県「職工募集取締規則」と、〇七（明治四〇）年に制定された長野県「工女募集取締規則」は、この点について次のように規定している。

「現に他に雇われている工女または未成年の工男に対しては、募集の勧誘をしてはならない」（第三条）

「子女の募集に従事する者は、左の各号の一つに該当する婦女を募集したり募集しようとしたりしてはならない／一、他の雇用主の雇用期限内にあり雇用主の承諾がない者」（第四条）

こうした取締り規定が設けられたこと自体、周旋業者による就業中の女工の出し入れ、工場間回しが頻繁に行なわれていたことを示している。

取締り内容の第三は、これも規則Aについてであるが、募集のさい虚偽の話や不正な行為をすることを禁止していることである。一八九九（明治三二）年に制定された大阪府「職工及労働者募集取締規則」と、奈良県「工場及紹介人取締規則」は、それぞれ次のように定めている。

「当業者または募集取扱人は、募集のさい詐欺の言行があってはならない」（第五条）

「工場主およびその代理者、紹介人は、職工の募集、雇い入れ、または紹介にさいし騙詐《へんさ》（語りいつわること―注）虚偽の言行があってはならない」（第三条）

こうした規定が設けられたことは、周旋業者による募集が、ウソの情報の提示・宣伝などさまざまな不正行為を用いて相当活発に行なわれていたことを示している。

取締の第四は、規則A、Bとも違反した者に対する罰則が設けられていることである。たとえば、一九〇〇（明治三三）年に制定された京都府「職工募集取締規則」は、その第七条で「違反した者は七日以下の拘留または一円九五銭以下の科料に処す」と定めている。

これはほんの一例であるが、規則A、Bともすべての規則が罰則を設けている。そして、そのなかに一様に一定期間の「拘留」が含まれている。罰則としては重い規定である。

ただ「労働者募集取締規則」は、周旋業者の募集行為それ自体を否定したものではない。所轄警察署の届出をしない、あるいはその許可を受けない周旋業者や募集のさいの悪質な行為を取締ろうとするものである。ただ、重い罰則付きとはいえこうした取締規則がどれほど効力をもったかは疑問であるが、それを確かめることはできない。

また、取締規則のうえでは規則AとBとに区分されるものの、実際には周旋業者で女工募集と芸娼妓の募集を並行して行なう桂庵《けいあん》業を営む者が存在した。この点について「綿糸紡績職工事情」は、「職工紹介人の内には桂庵業を営む者がいる。芸娼妓の買い出しと女工の募集とを兼ね行う者」と指摘している。また細井和喜蔵も、再度の引用となるが、「募集人が……関係をつけた女（女工―注）を……女郎に売り飛ばしたり銘酒屋へ私娼に追いやったりした例」に言及している。

以上、本章では製糸・紡績業を中心とする出稼女工と周旋業との関係をみてきた。ただ周旋業の方に視点をすえると、数字で具体的に示すことはできないけれども、出稼女工と芸娼妓の流動性という新しい論点が浮かんでくるように思う。

五　「女工周旋業」はなぜ捉えられなかったのか

それでは、これまでの出稼女工に関する研究は以上述べたような重要な史実・歴史的文脈をなぜ解き明かすことができなかったのだろうか。理由は三つあるように思う。

一つは、この分野での研究者の多くがマルクス主義の影響をうけていたため、資本と賃労働という二項対立の枠組のなかでのみ史実を解釈してきたことである。そのため、その枠組からはずれた事象はほとんど認識することができなかったか、あるいは非本質的なものとして意識的に追究しなかった。

二つめは、同じくマルクス主義の影響をうけた経済史学では、変革主体としての「プロレタリアート」が形成されるか否かという視点から「生産過程」(工場労働の現場)が重視されたことである。そのため、労働市場と「生産過程」の関係が見えなくなった。「女工の逃亡」は、「生産過程」からみれば離職率の高さであるが、労働市場からみれば周旋業者の暗躍である。マルクス主義の影響をうけた経済史学は、この二つのことを統一的に捉えることができなかった。

三つ目の理由は、マルクス主義の影響をうけた経済史学が狭い経済史の問題究明にとどまったため、芸娼妓の存在という社会の問題にまで視野がおよばなかったことである。周旋業を中心にすえれば女工の募集と芸娼妓の募集はふかく結びついており、それは突き詰めれば女性の人権の問題である。〝資本によって搾取された〟女工の「保護」の問題には関心があっても、芸娼妓をふくめた女性の人権の問題への関心の低さは、マルクス主義の歴史認識の構造的な問題点である。

第2章 繊維工業（2）——女工供給組合

一　女工供給・保護組合の設立

組合の設立状況

一九二〇年代、岐阜県、山梨県、新潟県、富山県に「女工供給・保護組合」が設立された。この組合について、これまで詳しく研究されることはなかった。ただ、この組合に言及した数少ない一、二の本は、ほとんどが工場法との関係で組合を捉えてきた。すなわち、工場法による女工保護の内容の乏しさと限界を強調し、出身地地元での組合による女工保護がこれを補ってきたとする見方である。前に述べたように、女工保護の問題は常に工場法の系列で捉えられてきた。はたして、この見方は正しいのだろうか。

中央職業紹介事務局が一九二八（昭和三）年に刊行した「女工供給（保護）組合調査」という報告書がある。この報告書やそのほかの史料により、まず組合がどのような経緯で設立されたのかをみてみよう。

まず岐阜県の女工供給組合について。一九一八（大正七）年七月、同県大野郡では周旋業者の募集活動を取締るために町村長会議が開催され、「工女供給組合」に関する意見交換が行なわれた。そして同年一二月、町村長会議は「同郡各町村に工女供給組合を設立し、従来の各種募集活動から生まれる弊害を改善することはもちろん、労働内容が不明確な工場に出稼する工女を保護することを目的として活動を始める」ことを決議した。

この決議をうけて翌一九（大正八）年二月「高山町工女組合」が設立された。県当局もこれに刺激されて同月以降、ほかの郡にも女工供給組合の設立を奨励した。その結果、一九年一月から二四（大正一三）年一二月にかけて、大野郡に一一組合、郡上《ぐじょう》郡に一四組合、加茂郡に二一組合、益田郡に一一組合、吉城郡に一一組合、計六八の女工供給組合が設立された。

しかし、以上のような女工供給組合の設立は、従来の周旋業者やそれと結びついたさまざま利益集団との対立なしには成しとげることができなかった。事実、組合は以下のような状況にあったとされている。

「組合設立当時は反対が少なからずあった。暗に組合の事業の遂行を妨害し、組合の理事者を悩ませるところがあった。これに加え、募集人（周旋業者―注）が活動の拠点としている宿屋・料理屋・商家等の反感を買い、組合員多数の反対者も生まれた。また組合員が募集人と結託して事《こと》を行なったり、従来多額の利益を得ていた募集人の下請《したうけ》をなす者などが出て、組合の結束と経営に支障をきたすこと少なくなかった」

こうした事態に対処するために、岐阜県は二〇（大正九）年一一月県令を発出した。女工供給組合が設立されている町村内において周旋業者が直接女工を募集することを禁止するというものである。先に述べた組合の設立数がそれまで毎月一～二組合であったのに対し、同年一二月は二五組合に急増していることは、この県令発出の影響だった。

後で述べるように、女工供給組合への女工の加入は強制力をもっていなかったため、周旋業者の自由な募集が禁止されないかぎり、組合の発達は望むべくもなかったからである。

次に、山梨県の女工供給組合のばあいはどうか。山梨県も、県当局は出稼女工を保護するために、一九二一（大正一〇）年一〇月、山梨善誘《ぜんゆう》協会という社会事業団体を設立した。同協会を本部とし、各郡に支部を置き、そのもとで各町村に女工供給組合が組織された。このとき設立された女工供給組合の数は、北巨摩《こま》郡三七組合、南巨摩郡一二組合、西八代郡三組合、中巨摩郡二組合、計五四組合だった。

県当局は、山梨善誘協会をとおして女工供給組合を組織するとともに、岐阜県と同様に組合が存在する地域内での周旋業者による募集を禁止した。ただ、県当局はその後、組合の活動が不活発だった北巨摩郡の七組合、南巨摩郡の五組合、中巨摩郡の二組合の地域内での周旋業者による募集禁止の方針を徹回した。県の方針にもかかわらず、これらの地域内での周旋業者の勢力がつよかったため、組合が機能せず、そのことを県当局が追認したものと思われる。

次に、新潟県について。新潟県における女工供給組合は、すべて女工保護組合という名称をとっている。同県における女工保護組合の設立は一九二〇（大正九）年から始まっており、二四（大正一三）年までに四つの組合が設立されている。しかし、これらの組合の活動は全体として不活発だった。

女工保護組合の活動不振を打開し、組合のさらなる設立をうながす契機となったのは、二五（大正一四）年県当局が女工保護組合奨励策を打ちだし、多額の補助金交付を始めたことにあった。以上のことについて、「女工供給（保護）組合調査」は次のように述べている。

「大正七、八年欧州大戦によって経済界の好況がすすみ、女工の需要が激増したため、女工の争奪という悪弊が生まれた。こうした気運に刺激されて女工保護組合は早くから設立され、女工争奪の弊害を防止してきたが、近時（一九二五年―注）県当局が女工保護組合奨励策を出したことによって同組合は全県下に及ぶようになった」

「新潟県当局も早くから出稼女工保護が急を要する課題だと認識していたので、おおいに組合の設立を奨励し、多額の補助金も交付したので、最近（一九二五、六年ころ―注）では組合を設置する町村が次第に増え、ほとんど全県下に及ぶようになった」

そこで次に、新潟県における女工保護組合の設立状況をみることにしたい。一九二〇（大正九）年八月から二七（昭和二）年六月までの組合設立数は八〇にのぼっている。設立年月が不明の二〇組合を除いた六〇組合についてその設立年月をみると、二四（大正一三）年一二月までに設立された組合は先に述べたように四組合、二五（大正一四）年一月から一二月までに設立された組合は三四組合、二六（昭和元）年一月から一二月までに設立された組合は二〇組合、二七（昭和二）年一月から六月までに設立された組合は二組合となっている。同県における女工保護組合の設立が二五、六年に集中していることからも、県当局による奨励策の発出が組合設立のおおきな画期になっていることがわかると思う。

最後に富山県について。同県は当時、出稼労働者を多数輩出する日本有数の出稼県だった。繊維工業関係の女工はもちろん、流材（山で切り出した材木を川で流し運搬する業）、土工、漁業などへの男性の季節的労働者も多数輩出していた。

出稼女工に限っていえば、同県の下新川郡が突出してもっとも多数排出していた。一九二五（大正一四）年一二月末現在、同郡の出稼女工数は製糸女工二六三四人（県全体七七二一人の三四％）、紡績女工六三一人（同二七五九人の二三％）にのぼっている。

このように出稼女工を多数輩出している下新川郡において一九二五（大正一四）年、下新川郡女工保護組合が設立された。同組合の設立には、郡当局の積極的な指導があった。名古屋地方職業紹介事務局が出した「富山県下新川郡女工保護組合」（発行年不詳）という史料はこう述べている。

「富山県は全国的に知られた女工出身地であり、中でも下新川郡は三千二百人の多数の女工が出稼に出ている。よって旧来の弊害を矯正する目的で郡当局は、大正十四年十月下新川郡女工保護組合を設立した」

下新川郡のこうした動きをうけて県当局も一九二六（昭和元）年末、女工保護組合設置奨励策を打ちだした。それは、警察署管内を一単位とする保護組合の設立を各町村に奨励したものである。その結果、翌二七（昭和二）年一月に四組合、二月に一組合、三月に二組合、六月に一組合、七月一組合、計九組合が設立された。

富山県の組合は、新潟県と同じようにすべて保護組合という名称をとっている。ただ、「旧来の弊害を矯正する」ことを目的に警察署単位で設置されたことからわかるように、その実態は周旋業者に対抗するための供給組合だった。

組合の組織と組合員

次に、女工供給組合の組織と組合員についてみることにしよう。山梨県の組合はよくわからないので、三県の組合についてみることにする。

まず岐阜県の女工供給組合について。組合員は各町村在住の女工とその父兄によって構成されている。ただ、組合に加入するかどうかは、女工とその父兄の自主的な判断に委ねられていた。一九二七（昭和二）年現在、岐阜県下女工供給組合（六八組合）の組合員総数は女工一万三五三人、父兄七八三八人、計一万八一九一人である。組合員中に占める女工と父兄の割合はそれぞれ五七％、四三％で、女工の方が高いものの父兄がかなりの比重を占めていた。一組合平均でみると、組合員数は女工が一五二人、父兄が一一五人で、合計で二六七人である。

各町村の女工供給組合には、組合長、副組合長、評議員、幹事、理事などの役員が置かれている。「高山町工女組合規約」によれば、組合長、副組合長は評議員一八名のなかから選出され、評議員は保護者である父兄の組合員から選出され、幹事二名、理事九名は組合長が推薦するものとされている。

しかし「女工供給（保護）組合調査」によれば、各町村の女工供給組合の組合長、副組合長はそれぞれ町村長と助役が担い、役場の吏員は幹事として役場事務のかたわら組合事務を担当するというのが実態だった。したがって、県下六八組合の事務所所在地はすべて町村役場内だった。組合のこうした組織構造は、女工供給組合が郡の町村レヴェルの協議によって、あるいは県の奨励をうけた郡と町村の協議によって設立されたという事情と関係している。

次に、新潟県の女工保護組合について。組合員は、女工とその父兄それに組合の趣旨に賛同する者によって構成されている。賛同者も組合に加入できるとした点は、岐阜県の組合の組合員規定とおおきく異なる点である。ただし、組合に加入するかどうかを女工と父兄の自主的な判断に委ねていた点は同じである。

一九二七（昭和二）年現在、新潟県下女工保護組合（六四組合）の組合員総数は二万八一二〇人である。その内訳は、女工九四六〇人、父兄一万二五七五人、その他（賛同者）六〇八五人で、一組合平均でみると女工一四八人、父兄一九六人、その他（賛同者）九五人、計四三九人となっている。組合員中に占めるそれらの割合は、女工三四％、父兄四五％、その他（賛同者）二一％である。

岐阜県と比べると新潟県の組合は、女工よりも父兄の割合が高く、その他（賛同者）もかなりの比重を占めている。その他（賛同者）が具体的にどのような人びとだったのかは分からないが、地元の有力者、名望家だったと推定される。新潟県の組合内では女工の地位が相対的に低かったと考えられる。

各町村の女工保護組合には、役員として組合長、副組合長、理事若干名、顧問若干名、委員若干名、専任事務員一名が置かれている。組合長は岐阜県の組合と同じように町村長が担い、理事は組合員の中から組合長が指名し、委員も父兄、その他（賛同者）の組合員の中から組合長が指名するものとされている。

したがって組合の事務所も、岐阜県の組合と同じように町村の役場内に置かれていた。組合の活動経費は、組合員の会費、女工の供給・斡旋による手数料、県からの補助金でまかなわれた。

最後に、富山県の女工保護組合について。組合員は警察署管内の女工とこれから女工になろうとする者を正組合員とし、その父兄と組合の趣旨に賛同する者を賛助組合員とする構成をとっている。岐阜県と新潟県の組合と比べたばあい女工の地位は高かった。ただ、組合に加入するかどうかを各自の自主的な判断に委ねている点は、両県の組合と同じだった。

富山県下の組合員総数は、一九二七（昭和二）年現在、一万一七九二人で、その内訳は女工六〇六八人、父兄五七二四人である。組合員中に占める女工と父兄の割合はそれぞれ五一％、四九％で、女工がやや上回っている。

女工保護組合には、役員として組合長、副組合長、委員若干名、顧問若干名、事務員若干名が置かれた。委員は町村長がこれに当り、顧問は警察署長有志が就任するとされている。また組合長、副組合長は委員会で選出され（したがっていずれかの町村長）、世話人は組合員のなかから組合長が指名するとされている。

組合の事務所は、上に述べたことから明らかなように、警察署内に置かれていた。

組合の活動経費は、組合費（正会員二〇銭）、「保護負担金」（女工供給手数料）、県からの補助金、寄附金（賛助組合員からのもの）などから成っていた。

以上のように町村長主導のもとで設立された女工供給・保護組合は、具体的にどのような事業を行なっていたのだろうか。山梨県を除く三県の組合についてみることにする。

二　組合の女工供給事業

岐阜県の組合

まず岐阜県の女工供給組合について。組合の事業は、おおきく（1）雇用主（工場主）の需要に応じて女工の供給・斡旋を行なうこと、（2）就業中の女工の保護を行なうこと、（3）組合員の間で懇談、修養、慰安、健康などに関する会合を行なうことの三つに分けることができる。

まず最初に、組合の女工供給事業について。高山町の組合に即してみると、「高山町工女組合供給規定」は、女工の供給をもとめる雇主・工場主は毎年一〇月末までに「女工供給斡旋申込書」を組合に提出すること、ただし特定の女工の指名・選択の要求はできないことを定めている（第二条）。この「女工供給斡旋申込書」は、高山町工女組合長宛に、供給する希望人員、応募者が就労する工場名とそこでの「待遇方法」（就業案内の添付）を記すことをもとめている。

さらに雇主・工場主は、「申込書」とともに「誓約書」を組合に提出しなければならなかった（第三条）。この「誓約書」は、雇主・工場主が組合の管轄内で女工を直接募集することを禁じ、雇主・工場主に待遇や衛生環境などの労働条件の改善を義務づけ、そのことに関する組合の「交渉権」を承認することを誓約させている。

「申込書」、「誓約書」の提出をうけた組合は、女工の希望を聞いて供給を決定し、そのことを雇主・工場主に伝える（第四条）。この供給決定の連絡をうけた雇主・工場主は、組合員である女工の保護者とただちに雇用契約を結び、組合長の承認をうける（第五条）。組合長の雇用契約書の承認をうけたうえで、雇主・工場主はさらに女工の氏名、工場への出発日、工場での就労開始日などを、組合に報告しなければならなかった（第六条）。

「高山町工女組合」はまた、女工供給事業における女工側の義務も定めている。自分が希望する工場が決定したときは直ちに組合に報告すること（第一五条第二項）、組合の承認をうけずに雇主・工場主と勝手に雇用契約を結ぶことの禁止（同第三項）、雇用期間内に他の雇主・工場主と雇用契約を結ぶことの禁止（同第四項）などが、それである。第四項は、女工の工場間移動と周旋業者の介在を排除したものだった。

以上述べたような形で、組合の女工供給事業はすすめられた。

次に、組合の事業の第二、就業中の女工の保護についてみることにしよう。各町村の女工供給組合は、年に一、二回調査のために役員を工場へ派遣し、組合員女工の慰問のかたわら工場主から報告をもとめ、女工からも意見を聞き取り、女工の保護につとめているとされている。しかし、組合によるこうした女工の保護活動には限界があった。

一九二七（昭和二）年名古屋地方職業紹介事務局が出した「管内各県下に於ける労働事情」という報

告書がある。この報告書は、上に述べたことについて、「何等《なんら》基礎的な知識を有しない組合役員が短時間視察しただけでは到底就労内容を把握することはできず、形式上の調査に陥っているのは残念である」と述べている。また帰郷後の女工に対する組合の聞き取り調査についても、「再び工場で就労するにあたり、工場主に知られて後患《こうかん》（それが原因で後で不利益をこうむること―注）あることを恐れて十分な陳述をしない」と、その限界を指摘している。

組合の事業の第三、帰郷後の修養・慰安などの会合については、関係する報告書にはまったく記されていない。そのことは、そうした会合がまったく開かれなかったことを、ただちに意味するわけではない。ただ、特段目立った活動をしていなかったことだけは確かだろう。

新潟県の組合

次に、新潟県の女工保護組合について。組合の事業は、岐阜県の組合と同じように、（1）女工の供給・斡旋、（2）女工の保護、（3）修養、慰安の三つである。県当局は一九二五（大正一四）年女工保護組合奨励策を打ちだしたとき、「新潟県女工保護組合規約準則」、「新潟県女工紹介斡旋規程準則」の二つを作成した。これらの準則にもとづいて事業の内容をみることにする。

まず女工供給事業については、岐阜県の組合と同様に、工場主は組合に申込むこと、ただし特定の女工を指定することはできないとしている。申込みをうけた組合は供給・斡旋する女工を決定し、直ちに工場主に通知するものとされている。供給・斡旋する女工を組合が速やかに決定することができたのは、組合長を代理人とする女工の「委任状」が存在したからである。その「委任状」には、組合員の女工とその親権者の連名で、組合長を代理人として工場主と「雇用契約締結に関する行為をなすこと」を委任する旨が記されている。ここには先の組合員構成にみられるように、女工の地位の相対的な低さが示されている。

組合から通知をうけた工場主は、組合が指定した時期と場所において組合長と雇用契約を結ぶ。女工の保護者が結んだ雇用契約を組合長が承認するという岐阜県の組合とは、おおきく異なっている。ただ雇用契約を結ぶばあい、多くは組合所定の雇用契約書が使用されており、そこには岐阜県の組合について述べたことと同じようなことが記されている。組合を介さず工場主が組合員の女工と直接雇用関係を結ぶことの禁止、女工の他工場への紹介・斡旋の禁止、などがそれである。

このような女工供給事業を行なうために岐阜県のばあいと同様に、組合による女工の統制が必要だった。組合の承認を得ずに女工が工場主と勝手に雇用契約を結ばないこと、雇用期間中女工は他の工場主と二重契約を結んではならないことが、定められている。

組合の事業の第二、就業中の女工の保護については、準則は次のようなことを記している。女工への賃金の支払いが遅れたばあいは女工に代わって組合が請求すること、女工自身または親・親族が病気になり帰郷が必要なときは女工に代わって組合が工場主と交渉すること、女工が就労する工場の視察を行なうことなどが、それである。ただ、女工への賃金の未払いや女工とその親・親族の病気などの情報がどこまで正確に伝えられたか、仮に伝えられたとしても組合が実際に工場へ行きどこまで交渉することができたのかは、はなはだ疑問である。工場の視察ですらきわめて不十分だったので、こうした疑問はさらに深まるだろう。

組合の事業の第三、女工の修養、慰安も、特筆されるような目立った活動は行なわれなかった。

富山県の組合

最後に、富山県の女工保護組合について。前に述べたように、一九二六（昭和元）年末県当局は組合設置奨励策を打ちだした。そのとき県は同時に、「富山県女工保護組合雇用規程準則」を作成した。それは組合の女工供給事業の手続きを定めたものである。その手続きは、新潟県の組合のばあいとほとんど変わりがない。

まず、組合員の女工を雇用しようとする工場主は、組合長に就業案内と雇用契約書案を添付し、必要な人数を記した申込書を提出しなければならない（第二条）。一方、組合は組合員に対して、女工として就職しようとするときは製糸工場のばあいは毎年一月七日、その他の工場のばあいはその都度、就職希望申込書を組合長に提出しなければならないとしている（第三条）。組合長はこの就職希望申込書を提出した組合員（女工ないしその父兄）の代理として工場主と雇用契約を結んだ。契約が成立したとき組合長は、その内容、工場への出発日時、その他の事項を組合員に通知するとしている。（第四条）。

以上のような女工供給事業を行なうためには、これまで述べてきたように女工と父兄に対する組合の統制が必要だった。組合長の承認なしに女工、父兄が勝手に工場主と雇用契約を結ぶことを禁止した。

以上、三つの県の女工供給・保護組合について述べてきたが、組合名に「保護」という名称が付されていても、組合の活動の中心は女工供給事業にあった。ただ、組合員のなかに占める女工の割合、雇用契約を結ぶときの組合（長）への事後承認か委任かという女工の主体性の点で、岐阜県と新潟・富山両県とのあいだには違いがあった。

組合が受け取る手数料

それでは次に、女工供給事業によって組合が受け取る手数料は、どのように定められていたのだろうか。山梨県を除く三県の組合についてみることにする。

まず岐阜県の組合について。「高山町工女組合供給規定」（第八条）によれば、供給手数料は郡内（大野郡内）にある工場に供給するばあいと、郡外にある工場へ供給するばあいとでおおきく異なっている。郡内の工場のばあいは女工一人に付き一円五〇銭、郡外の工場のばあいは女工一人に付き三円である。

こうした違いは、岐阜県下の各町村女工供給組合すべてに共通している。すなわち一九二七（昭和二）年現在、各町村組合の供給手数料は、みずからの郡の外にある工場に対してはすべて女工一人に付き三円であるが、郡内の工場に対しては以下のようにそれより少なくなっている。郡上《ぐじょう》郡の組合のばあいは一円五〇銭が一二組合、一円が二組合、加茂郡の組合のばあいはすべて二円、益田郡、大野郡、吉城郡の組合のばあいはすべて一円五〇銭である。

次に、新潟県の組合のばあいはどうか。前記の準則によれば、組合の供給事業に対して工場主が支払う手数料は、県内の工場に対しては女工一人に付き一円、県外の工場に対しては女工一人に付き二円だった。工場の所在地によって女工供給の手数料に差を設けるのは岐阜県の組合と同じであるが、新潟県の組合のばあいは、県内か県外かが基準だった。

富山県の組合のばあいは、手数料は「保護負担金」という名称をとっている。その金額は新潟県の組合と同じように、県内の工場に供給するばあいと県外の工場に供給するばあいとでは異なっている。ただ、新潟県の組合と違うのは、供給する女工の契約年数に応じて手数料が高くなっていることである。すなわち、県内の工場に対する女工一人に付いての手数料は、一年契約は二円、二年契約は二円五〇銭、三年契約は三円、四年契約は三円五〇銭となっている。一方、県外の工場に対する女工一人に付いての手数料は、一年契約は三円、二年契約は三円五〇銭、三年契約は四円、四年契約は四円五〇銭である。

県内外の工場に対する手数料はいずれも、新潟県の組合のそれよりも割高だった。

以上のように、組合が女工供給事業によって受け取る手数料には、地元（郡内、県内）の工場を優遇する措置（地元経済への貢献）がとられていた。同時に、遠方（郡外、県外）の工場へ女工を送り出すことによる周旋業者の介入（契約上は禁止されているとはいえ、女工の工場間回し）を排除しようとする意図もあったものと思われる。契約年数が長くなるほど手数料が高くなるというのも（富山県のばあい）、女工を長期間出稼に出すことによって周旋業者が介入しやすくなるのを防ぐという狙いがあったものと考えられる。

三　女工供給事業の実績

次に、こうした手数料収入を伴った組合による女工供給事業の実績をみることにしよう。

岐阜県の組合

まず岐阜県の女工供給組合について。同県の組合は、どのような業種にとれだけの女工を供給していたのだろうか。一九二二（大正一一）年現在、組合による女工供給人数と供給先工場数は九五四九人、二一三工場である。一つの工場に平均して四五人ほどの女工を供給している。その業種別の内訳は、製糸業九一一九人、一九八工場（一工場平均四六人）、紡績業二六二人、八工場（同三三人）、織物業一五八人、六工場（同二六人）、その他一〇人、一工場（同一〇人）である。

製糸女工としての供給が人数で全体の九五％、工場数で全体の九三％を占めている。一方、紡績女工としての供給は人数で全体の三％、工場数で全体の四％である。紡績業への女工供給は無視できないものの、岐阜県の組合は総じて製糸業への女工供給を中心とする組合だった。

供給された女工の出稼先府県別人数はこうである（一九二四年現在）。

岐阜県四八八四人（全体九八六五人の五〇％）、愛知県二三七五人（同二四％）、長野県一一〇四人（同一一％）、埼玉県四七八人（同五％）、滋賀県三二〇人（同三％）、兵庫県二五六人（同三％）、その他府県四四八人（同四％）。

岐阜県内の工場への女工供給数が全体の半数を占めており、前述の業種別供給人数と合わせて考えると、県内製糸工場への女工の供給に組合はおおきな役割をはたしていた。長野、埼玉、滋賀、兵庫諸県への女工も製糸女工だったと考えられる。ただ、当時日本最大の製糸業県だった長野県への女工供給の割合は一一%にとどまっている。一方、愛知県への女工は、紡績業が盛んな県だっただけに紡績女工が少なくなかったと考えられる。ただ、当時紡績業がもっとも盛んだった大阪府への女工の供給はほとんどなされていない。

それでは次に、岐阜県の組合は県外への出稼女工全体をどの程度組織化することができたのだろうか。

一九二四年時点での県外出稼女工の出稼先県は、愛知県八四八五人、長野県二二〇三人、滋賀県七八八人、埼玉県四八一人、兵庫県二九二人、その他の県を含めた合計は一万三七四八人である。先に記した同年の出稼先府県別女工供給人数をこれで割れば、組合によって供給された女工の割合はこうである。愛知県二八%、長野県五〇%、滋賀県四一%、埼玉県九九%、兵庫県八八%、その他の県を含めた合計では七二%。

組合による出稼女工全体に対する組織化率七二%という数値は高いと言っていいだろう。ただ、組織化率は出稼先でばらつきがあり、また組合が出稼女工全体を完全に掌握していないのも事実である。これはどのような事情にもとづくのだろうか。

それは端的に言って、組合の手を経ずに出稼ぎに出た女工が少なからず存在したからである。そうした女工はそもそも、組合に加入していないか、加入していても組合に申請せずに出稼に出ている女工である。後者についてみれば、一九二二（大正一一）年三月現在、組合所属女工数は一万九三六人、そのうち「出稼中または出稼先決定人員」は九八七五人、「出稼先申込者数」は一〇六一人で、出稼を組合に申込まない者が一〇％ほど存在する。

このように未申込者が比較的多いということは、前に述べたような組合設立にさいしての周旋業者らの反対運動を考えると、組合員になったものの、供給・斡旋を組合に求めず周旋業者に依存している女工が少なからず存在していたことを示している。このことは、周旋業者に即していえば、組合が存在している町村での募集を禁止した一九二〇（大正九）年の県令などに違反する一種の脱法行為が行なわれていたことをものがたっている。

こうした事実と、組合に加入するかどうかは本人（女工とその父兄）の判断に委ねるという組合加入の任意性とによって、組合は出稼女工を完全に組織化し規制することができなかったのである。

山梨県の組合

次に、山梨県の女工供給組合について。岐阜県の組合とは異なり、山梨県の組合の活動実績は詳しくはわからない。

一九二四（大正一三）年現在、出稼女工数は三二一六人。そのうち、「組合が紹介した」女工数は二〇九七人、「組合以外において契約した」女工数は一一一九人である。出稼女工全体のうち組合が供給した女工は六五％である。岐阜県の組合より劣るものの、出稼女工に対する組合の組織化率六五％という数値は高いといっていいだろう。

ただ、出稼先の工場が県内にあるか県外にあるかによって、出稼女工に対する組合の組織化率はおおきく異なっている。前記の出稼女工数のうち県内の工場への出稼女工は三五四人で、そのうち組合が供給した女工は九八人、組合による組織化率は二八％である。これに対して県外の工場への出稼女工は二八六二人で、そのうち組合が供給した女工は一九九九人で組合による組織化率は七〇％におよんでいる。

組合は県外の工場への出稼女工に対してはつよい影響力をもっていたが、県内の工場への出稼女工に対するそれは弱かった。おそらく、地元県での組合の活動は、周旋業者による募集活動によってかなり制約されていたと考えられる。

新潟県の組合

次に、新潟県の女工保護組合について。まず、同県の組合が供給する女工の業種と人数についてみることにしたい。

一九二七（昭和二）年現在、組合が供給する女工の業種別人数は、製糸業二六二三人、紡績業一五一人、その他の業種一〇一人、計二八七五人である。紡績業への女工が少なからず存在するものの、新潟県の組合も製糸女工を中心に供給する組合だった。供給された女工の出稼先県の上位六県は（人数はわからない）、新潟県、長野県、岐阜県、群馬県、福島県、埼玉県である。

それでは新潟県の組合は、出稼女工をどの程度組織化し、規制することができたのだろうか。結論を先取りしていえば、その組織化率は郡によってかなりの差がある。

一九二七（昭和二）年現在、組合設置地域の出稼女工に占める供給女工数の割合は、三島郡（一五組合）五七％、南魚沼郡（一三組合）三七％、東頸城郡（一二組合）二九％であるのに対して、北魚沼郡（一三組合）一五％、刈羽郡（七組合）一二％、北蒲原郡（五組合）一％、中頸城郡（二組合）〇％、中魚沼郡（一組合）〇％である。

以上のように、積極的な活動をとおして比較的良好な供給実績をあげている組合がある一方、ほとんど供給実績がない組合も存在する。もっとも、良好な供給実績といっても五〇％を超えているのは三島郡（一五組合）だけである。

こうした新潟県の組合全体としての供給実績の低さ、そのなかでの郡別の差異はどのような事情にもとづくのだろうか。もちろん、組合自体の主体的な努力の差はあるだろう。ただ、これまで述べてきたことをふまえれば、組合が周旋業者による女工募集活動をどこまで規制することができたかによるものと考えられる。

そして、組合を介さずに周旋業者の募集活動によって出稼に出た女工が多かった理由は、新潟県の女工保護組合奨励策にあった。すなわち、同県の組合奨励策が補助金の支給にとどまり、組合設置地域における周旋業者の募集活動を禁止する措置をとらなかったことがその理由だった。

富山県の組合

最後に、富山県の女工保護組合についてみてみよう。まず、同県の組合がどのような業種にどれだけの女工を供給していたのかを、みることにしたい。一九二七（昭和二）年度上半期でみると、組合による女工供給総数は二二九一人。その内訳は、製糸業一七九一人（総数の七八％）、紡績業四九六人（同二二％）、その他四人（同〇％）である。製糸業への女工供給の割合が高いものの、岐阜、新潟県の組合と比べれば紡績業への女工供給の割合は相対的に高い。

この点は、同県の組合設立の先駆けとなった最大の組合、下新川郡女工保護組合の供給実績をみると、いっそう明らかになる。二五（大正一四）年四月現在、同組合の女工供給総数は三三四二人。その業種別内訳は、紡績業一八六二人（総数の五六％）、製糸業七二二人（同二二％）、織物業四九二人（同一五％）、その他二六六人（同八％）である。さらに二七年上半期における同組合の女工供給数二三四人はすべて紡績業向けである。それは先に記した紡績業向け女工四九六人の四七％におよんでいる。

以上のように富山県の組合は、下新川郡の組合を中心として紡績女工の供給割合が比較的高い組合だった。

それでは次に、同県の組合の女工供給事業は出稼女工をどの程度組織化し規制することができたのだろうか。すべての組合についてそれを知ることはできない。ただひとつ、「下新川郡女工保護組合」の一九二六年度分についてはよくわかるので、それをみることにしたい。

名古屋地方職業紹介事務局が出した「富山県下新川郡女工保護組合」（発行年不明）という資料によれば、同年度の下新川郡の出稼女工数は三六八七人で、その出稼先府県別の内訳は多い順に、愛知県八三一人、大阪府六二七人、岐阜県四二〇人、長野県三六四人、その他諸県一四四五人である。これに対して組合が供給した女工は全体で一七四三人で、その内訳は愛知県一八九人、大阪府九六人、岐阜県三一一人、長野県三三七人、その他諸県八一〇人である。

以上のことをふまえると、出稼女工に対する組合の組織化率（供給率）は全体で四七％、府県別では愛知県二三％、大阪府一五％、岐阜県七四％、長野県九三％、その他諸県五六％である。

同じ資料によれば、愛知県、大阪府への出稼は紡績業が多く、岐阜・長野両県への出稼は製糸業がほとんどである。上に記した出稼先府県別の組合の組織化率（供給率）の差異は、紡績業では低く製糸業では高いと捉えることができる。すなわち、「下新川郡女工保護組合」は紡績業への女工供給が多い組合であったにもかかわらず、おそらくその分野での周旋業者の募集活動のため、組合の組織化率は低く抑えこまれることになった。一方、製糸業への組合の女工供給は、その分野での周旋業者の募集活動が少なかったためか、その組織化率は高い数値となった。

以上四県の女工供給・保護組合の女工供給事業についてみてきた。組合の組織化率（供給率）は、総じていえば高かったものの、県、郡、市町村によって、或いは業種によって無視できない差異があった。周旋業者の募集活動に対する規制の度合が、その差異を生みだす要因だった。

組合の会計

組合の収入と支出はどうだったのだろうか。収入は既に述べたように、組合員の会費、供給事業による手数料、県からの補助金があるばあいはその金額からなっている。一方、支出は、「組合の多くは町村役場内に於て役場員の事務の傍《かたわ》ら執務しているので事務費としては多額を必要としない。ただ、組合総会、慰問通信、視察出張等に支出している」(名古屋地方職業紹介事務局)とされている。

以上の収入と支出の実際の額、したがって収入から支出を差し引いた利益額がわかるのは、一九二四(大正一三)年の岐阜県の組合だけである。

前出の「女工供給(保護)組合調査」によれば、同年の岐阜県女工供給組合、一組合平均の収入・支出額は、それぞれ五五七円、三九六円である。したがって一組合平均の利益額は一六一円で、収入に対する利益の割合(対収入利益率)は二九%だった。二四(大正一三)年現在の製糸女工、紡績女工の平均賃金(日給)は、それぞれ九六銭、一円一〇銭なので、組合は平均で女工の賃金(日給)の五五〇日分の収入と一六〇日分の利益を得て、好成績をあげていたと評していいだろう。

四　女工供給・保護組合と大正デモクラシー

以上述べてきたように、女工供給・保護組合は、工場法による女工保護の不十分さを地元で補完する組織ではなかった。第一章でみたような、周旋業者による弊害をともなった募集活動に対抗するために創られた組織だった。対抗するための軸となったのは、女工供給事業である。ただ、女工と親の組合への加入が任意だったこと、周旋業者の活動をどこまで規制することができたかという事情によって、県によって郡・市町村によって、組合による女工の組織率（供給率）は区区《まちまち》だった。

この周旋業の活動規制という点について、二つほど述べておきたい。

一つは、当時日本最大の製糸業県だった長野県においては、県内出身の製糸女工が多数だったにもかかわらず、女工供給組合が設立されていないことである。

同県においては実は、女工の供給に限定されたものではないが、日本で最初の供給組合が設立されている。一九一六（大正五）年に設立された平根村工男工女組合（同県佐久郡）がそれである。しかし組合設立後も、平根村地域内での周旋業者の活動が活発だったため、組合はこれを規制することができず、「各組合員まったく自由に周旋業者と契約を締結し、組合設立の趣旨が忘れさられるに至った」（木村清司『労働者募集取締令釈義』）とされている。

その後、同組合が消滅（解散）したのかどうかは分からないが、日本で最初の供給組合の活動は周旋業者の募集活動によっておおきく制約された。このことが、その後長野県において女工供給組合が設立されなかった有力な要因だった。逆に言えば、長野県では女工供給組合の設立を許さないほど周旋業者の勢力がつよかったと推定される。

もう一つは、紡績女工の組織率（供給率）がやや高かった富山県の組合を含めて、組合は全体として製糸女工の供給が多かった。このことをどう考えるかという問題である。

本章で用いた中央職業紹介事務局の調査報告書以外、筆者が知る限り同種の資料は存在しない。そのことは、本章で言及した四つの県以外に女工供給組合は存在しなかったことを、ただちに意味するわけではない。ただ、とくに注目すべき組合が存在しなかったことだけは確かだろう。

このことをふまえると、紡績女工の供給を中心とする女工供給組合、あるいはとくに注目されるような組合がなぜ存在しなかったのかという疑問に行きつく。紡績業が盛んな大阪府を中心とする関西地域の紡績工場の女工の多くは関西諸県出身が多いが、それらの諸県で目立った女工供給組合は設立されていない。推測の域を出ないが、関西諸府県では女工供給組合の設立を許さないほど周旋業者の勢力がつよかったと考えられる。

さてでは、以上のような女工供給・保護組合をどのように評価したらよいのだろうか。筆者はこれを、労働者供給事業を活動の柱とした「労働組合」と捉える。括弧をつけたのは、労働組合は本来労働者の自主的・自発的意思にもとづいて結成されるのに対し、女工供給・保護組合の設立には行政（県、郡、市町村）がつよく関与しているからである。

ただ、出稼労働者であり、それも年少の女性であること、またそれに吸着する周旋業者の存在を考えれば、行政の関与なしに労働組合を設立することは相当困難だったと思う。女工供給・保護組合設立への行政の関与は、近代日本の地方自治体とくに一九二〇年代の〝大正デモクラシー〟的状況（デモクラシー的状況は大正末＝一九二五年で終わったのではなく二〇年代を通して存続した）下の地方自治体が有していた公共的機能の実現として捉えたい。女工供給の手数料を地元（県内、都内）の工場へは安くするという組合の方針は、地元経済の発展に貢献しようとする地方自治体の公共的機能の一つとしてみる必要がある。

以上述べた〝大正デモクラシー〟的状況下における行政の公共的機能と関連して、一つ重要なことを述べておきたい。一九二〇年代には、中央政府において労働組合の法的承認（労働組合法の制定）が真剣に検討されたことである。

一九二〇（大正九）年、社会労働行政を専門的に担当する部門として、内務省内に社会局が設置された。さらに二二（大正一一）年、農商務省の労働関係行政などを統合し、社会局は内務省の外局に改組された。

政府の労働組合法構想は、この社会局が担った。二五（大正一四）年には社会局の労働組合法案が作成され、その全文が公表されるとともに、行政調査会に付議された。行政調査会は同年五月の閣議決定により設置されたもので、内務大臣、司法大臣、内閣書記官長、法制局長官、各省政務次官三人、各省次官一一人などで構成された。

この行政調査会の決議をうけて、若槻礼次郎《わかつきれいじろう》内閣（一九二六年一月―二七年四月）はあらためて労働組合法案を起草し、二六（昭和元）年二月、これを第五一回帝国議会に提出した。しかし同法案は、その間の経緯は省略するが、審議未了で成立しなかった。

以上のように〝大正デモクラシー〟的状況は、政府が労働組合法を構想するほどの深さをもっていた。

女工供給・保護組合の設立、そのさいの地方自治体の公共的機能の役割も、〝大正デモクラシー〟的状況下でのこうした政府の労働組合法構想との関係で捉える必要がある。

実際、中央職業紹介事務局（政府の一部門）は、女工供給・保護組合を次のように高く評価している。

「女工供給・保護組合なるものを純粋なる労働組合と見るべきかどうかは別に論じなければならないが、少なくとも組合員がこの組織によって団結協力し、募集の弊害から利益を擁護し、あわせて労働条件の改善を計ることを目的として設立されたことは、我国婦人労働運動史上に一新元を画したものであるとともに、労働需給上における労働者自身による労働供給事業を実施することによって労働保護を完全にしたことは、従来の労働需給過程に新機軸を現わしたものである」

女工供給・保護組合に対する以上のような評価（「労働市場」の重視）は、工場法の系列でこの組合を捉える見解（「生産過程」の重視）からはけっして生まれないものである。

第3章 機械工業（1）――工場人夫

一 「労働者階級」と工場人夫

資本主義の成立と「労働者階級」

日清・日露戦争後の産業革命によって、日本の資本主義は成立した。これを筆者は機械制工場群の生成として捉える。しかしマルクス主義は、これを「機械制大工業」の成立と捉え、そのもとで資本（家）―賃労働（者）という階級的対立関係が本格的に成立したと主張してきた。したがって資本主義の成立は、同時にその変革を担う「労働者階級」の誕生として理解されてきたのである。しかも、変革主体としての「労働者階級」は「生産過程」で訓練される重工業（機械工業）の労働者とされた。

マルクス主義がいう「生産過程」は、独特の意味合いをもつ。すなわち、労働者が物質的生産を行なう「労働過程」は、同時に剰余価値（≒利潤）の形成過程であり、その両者を統一したものが「生産過程」であるという理解である。

しかも重工業（機械工業）の労働者は、この「生産過程」のなかで組織的に訓練され、知識、規律と団結の基礎を身につけるとされる。また、「機械制大工業」のもとでの複数の「生産過程」の結合は、労働者にさまざまな機能を担う諸能力を与え、労働者が連帯する基盤を作りだしたとされた。

資本主義の成立期（産業革命期）には一、二章で述べたような女性労働者を中心にいろいろな分野で働く労働者がいたが、重工業（機械工業）労働者は資本主義に対する変革主体として労働者階級の中心に位置づけられてきた。

はたして、このような理解は正しいのだろうか。IT産業を中心に産業構造も「生産過程」もおおきく変化している現在、このような問いは古いかもしれない。しかし、このような「理論的」歴史認識は今なお残っている。また、資本主義の成立との関係ではなく、重工業（機械工業など）を「独占資本」の産業的基盤と捉えるマルクス経済学者も存在する。さらに、以上のような理解を暗黙の前提として、資本主義から社会主義への移行を説く革命論もいまなお存在する。

以上のような意味で、革命哲学を根本のところで支えている資本主義の成立にともなう労働者階級の誕生という歴史観の是非を問うてみたいのである。対象とするのは、明治時代初期に設立されたA造船所である。用いる史料も、とくに断わらないかぎり同所の史料である。

工場人夫とその数

工業で働く人夫、工場人夫とでもいうべき労働者が存在する。まず全国レベルで、機械工業における工場人夫の数とその割合をみることにしたい。

明治・大正期、数年おきに農商務省が出した「工場統計表」によれば、産業革命期の一九〇九（明治四二）年現在、機械工業で働く労働者は六万九千人、その内「労働人夫」は五千人で、全体の七％を占めている。その後の一九二〇（大正九）年時点でみても、機械工業の労働者二八万五千人の内、「雑役に従事するもの」は二万人で、同じく全体の七％を占めている。

ただしこうした工場人夫数は、農商務省が統計的に把握することができた定傭《じょうやとい》の人夫（工場直接雇用の人夫）数で、後述する人夫供給請負人が供給する人夫の数は含まれていない。

事実、一八九八（明治三一）年に出された横山源之助の「日本の下層社会」には次のような記述がある。「東京府下幾多《あまた》の工場あり（中略）各種の工場には職工以外で工場に出入する人足が多い。親方の手を通して出入する人足もいるし、直接工場に雇はれる人足もいる」。ここに記されている「親方」とは人夫供給請負人のことである。

このように、工場で働く工場人夫には、工場が直接雇用する定傭人夫と供給請負人が供給する人夫（臨時人夫）の二つのタイプが存在した。機械工業の各工場において、定傭人夫の方が多いか臨時人夫の方が多いかは一概に言えないし、それを確かめる史料も存在しない。ただ、臨時人夫も含めれば、機械工業の工場人夫の数と割合は先に記したものよりさらに増加するだろう。

そこで、A造船所の人夫数をみることにしたい（表2）。表記した年次は、産業革命期（一九〇二年、〇六年）とその後（一〇年）、そして第一次世界大戦期（一四年、一八年）である。また人夫には、臨時人夫が含まれており、後で述べる定傭人夫が限定的であったことを考えれば、人夫の多くは臨時人夫

表2　人夫数とその割合（A造船所）

年次	人夫（A）	全労働者（B）	（A）／（B）
	人	人	%
1902	1,261	5,068	24.9
06	1,767	9,258	19.1
10	665	5,697	11.7
14	989	10,445	9.5
18	1,330	13,800	9.6

だった。

以上のことを念頭において同表をみれば、次のようなことが言える。すなわちA造船所の人夫は、産業革命期には一二〇〇人以上、一七〇〇人以上存在し、労働者全体に占める割合も二五%、一九%におよんでいる。その後人夫は六〇〇人台に減少するものの、第一次世界大戦期の好景気で再び増加している。労働者全体に占めるその割合は、産業革命期より明らかに減少するものの、一〇%から一二%におよんでいる。

このような変動はあるものの、A造船所にとって人夫労働への依存は欠かすことができないものだった。

工場人夫の労働分野

それではこうした人夫は、A造船所のどのような分野で働いていたのだろうか。

一九〇二（明治三五）年現在、A造船所の工場（同所は幾つかの工場で構成されている）別人夫数は多い順にこうである。事務所人夫、四一九人（人夫全体一二六一人の三三%）、造船部人夫、三五六人（同二八%）、機関部人夫、二七九人（同二二%）、起重機人夫、一〇六人（同八%）、船渠部人夫、一〇一人（同八％）。

まず、事務所人夫の「事務所」とは、同所の「勤怠掛」（人事労務部）をさす。事務所人夫とは「勤怠係」に直接所属する定傭の人夫で、同所の諸工場に配置されるという形をとっている。したがって、一九〇二年時点での同所の定傭人夫は、人夫全体の三分の一だった。

またA造船所は、船体を建造する造船部、船舶の機関を製造する機関部、両者を最終的に結びつける船渠部に分かれるが、そこで働く臨時人夫は全体の六割近くを占めている。起重機人夫は、それを操作するオペレーターではなく、それをサポートする人夫と考えられる。

以上のように各工場に配属されている人夫は、どのような仕事をしていたのだろうか。A造船所を含む造船業に関する当時の調査報告書は、人夫についてこう述べている。「各造船所は普通の職工以外に、雑夫、雑役夫、傭夫、定夫、運搬職、人夫等の名称のもとで雑用労働者を使用している。彼等は一般に人夫と称せられ、諸物の運搬、掃除、屑金《くずがね》の選択等をしている」。

つまり、各工場に配置されているA造船所の人夫は、雑役労働なかでも運搬労働に従事していた。造船工場ではさまざまな資材の運搬に、機関工場では資材や部品、完成品の運搬に人夫がかかわっていたと考えられる。

このことは、A造船所では運搬過程は機械化されておらず、人夫の肉体労働につよく依存していたことを示している。造船業という業種が労働集約的産業としての側面をもっていることを考慮しても、このことは重要である

二　人夫供給請負業

供給契約の内容（1）

Ａ造船所では早くから、人夫の使用を供給請負業者に依存していた。ただ、そのことが資料上分かるようになるのは一八九八（明治三二）年からである。すなわち同年二月造船所は、片岡茂八、田中治三郎、村田藤次郎、森川市太郎の四人と人夫供給に関する契約書を結んだ。

この契約書で特徴的なことの一つは、それまでの供給請負人は人夫を供給することだけが業務だったためだろうか、供給請負人とその「代人」に人夫の労務管理まで義務づけていることである。「受負人は毎日機関工場と造船工場に各一名ずつ詰切り、受負人総代として人夫の勤惰《きんだ》を監督し、そのほか諸般の事務をとること」などの条文がそれである。

契約書の特徴の第二は、供給する人夫に「一等夫」、「二等夫」の区分を設け、それに年齢基準と定数を定めたことである。すなわち、五十歳以上の高年者、一六歳以下の幼年者は「一等夫」になれないとしたうえで「一等夫」の定員を五〇〇人とした。そして、この五〇〇人を超えたときに供給される人夫を「二等夫」としたのである。したがって「二等夫」は、上記の年齢基準に違《たが》う高年者、幼年者も含まれていたと考えられる。

特徴の第三は、「一等夫」の賃金（日給）、「二等夫」に該当する「子供人夫」「女人夫」の賃金（同）

が明記された。すなわち、「一等夫」は三二銭、「小供人夫」、「女人夫」はそれぞれ一六銭、二〇銭とされた。「女人夫」二〇銭という賃金は、この時期の製糸女工賃金（日給）と同額である。

これらの賃金は、供給請負人に供給手数料とともに一括して給付されたものと思われる。そして、供給請負人から人夫への賃金の支払い過程で〝ピンハネ〟され、上記の賃金額はさらに少額になったものと推定される。

契約書の特徴の第四は、供給請負人が供給する人夫の数を五〇〇人以上造船所が必要とする（「二等夫」の供給を求める）ばあい、その人数に応じた人夫一人についての供給手数料の増額が明示された。すなわち、供給人夫五〇〇人以上六九九人までは一人に付き二銭、七〇〇人以上七九九人までは一人に付き三銭、八〇〇人以上は一人に付き四銭、この金額が手数料として「別途」支給するものとされた。「二等夫」の賃金はわからないが、仮に「一等夫」と同じだとして、この追加手数料はその三％から一二％にあたる。

供給契約の内容（2）

一九〇〇（明治三三）年一〇月、A造船所は定傭人夫（「勤怠人夫」）の制度を設ける一方、それまでの四人の供給請負人との契約を解消し、新たに田中寛一郎という人物と人夫供給の契約を結んだ。以下、定傭人夫の制度と新たな人夫供給契約の二点について、述べることにしたい。

新たに導入された定傭人夫（「勤怠人夫」）制度は、定員を三〇〇人とし、それを「勤怠掛《かかり》」所属の人夫とするというものだった。賃金（日給）は三〇銭以上四〇銭までとされ、さきの「一等人夫」の賃金よりもやや引き上げられた。

造船所内の各工場で使用される人夫は、「勤怠掛」が直轄する定傭人夫のなかからできるだけ同一人物を選抜するものとされた。またこれらの人夫は、配置先工場で三〇人を一組とする組長のもとに編成された。

また、定員三〇〇人を維持し確保することが困難になったばあい（人夫の離職などで欠員が生じたばあい）、各組長自身が直接人夫を募集し、雇い入れることができるものとされた。そのばあい、雇い入れた人夫一人に付き一定額の「手数料」が組長に支払われた。ここでは、組長の募集人、紹介人としての活動が認められている。

このような、欠員の補充ではなく、定員三〇〇人以上の人夫が必要とされるばあい、造船所の求めに応じて田中寛一郎が人夫（臨時人夫）を供給するものとされた。造船所と田中が取り交《かわ》した供給契約書の主な内容は次のとおりである。

第一は、さきの片岡茂八ら四人との契約とおなじように、供給した人夫に対する労務管理が求められている。「人夫を差し出した場合は、拙者《せっしゃ》もしくは代理人を差し出し、諸事差し支えない様、差配《さはい》いたします」

第二は、供給する人夫の賃金（日給）は一人に付き大人四五銭、「小供」二五銭とし、それは二日ごとに造船所から田中へ支給され、それ以外の手数料は支給されないとされた。したがって田中は、支給された人夫の賃金のなかから「手数料」の名目でなにがしかの金額を〝ピンはね〟したものと思われる。ちなみに、この時期の日傭人夫の全国平均賃金（日給）は、三七銭である。

第三は、田中は他所への人夫供給も請負っていたためだろうか、A造船所への人夫供給を優先することが義務づけられている。「人夫の注文の多寡にかかわらずすべて不足なく差し出すことはもちろんであるが、万一他の得意先とかちあった場合はA造船所に優先して差し出すこと」

第四は、人夫が造船所内の秩序や指揮命令を遵守《じゅんしゅ》することが確約されている。「就労する場所について人夫は決して異議を申し出ることはできず、如何《いか》なる場合でも指図《さしず》に従って直ちに就労すること」

以上が造船所と田中寛一郎が取り交した人夫供給契約の主な内容である。造船所が初めて取り入れた定傭人夫の体制は、田中による人夫（臨時人夫）供給によって補完された。ただ既に述べたように、供給人夫（臨時人夫）が圧倒的多数を占めていたことを考えれば、人夫の労働は供給請負業に強く依存しながら、その一部に定傭の制度を導入したと表現した方が正確だろう。

供給契約の内容（３）

一九〇六（明治三七）年二月、A造船所は、川副綱隆という人物と新たに人夫供給の契約を結んだ。先の田中寛一郎との契約は直ちに破棄されたわけではなく、「当分の間毎月所要人夫の高を折半」するものとされたが、同年一二月末、最終的に田中との契約は解消された。新たに結ばれた川副との契約の主な内容は次のとおりである。

第一は、これまでの契約とおなじように、供給した人夫（臨時人夫）に対する労務の管理が求められている。「人夫は毎朝七時前に指定の場所に参集させること」、「受負人は毎日代表者一名と人夫の使役に必要なボースン（棒心《ぼうしん》・現場監督者—注）若干名（人数は造船所が指示する）を現場に差し出すこと」

第二は、供給する人夫の賃金（日給）は一人に付き、大人四二銭、「小供」二五銭、「女夫」（女性の人夫）二二銭とし、それは造船所の給料支払日の月二回、川副ないしその代人に支給するものとされた。手数料の規定はないが、まとめて支給された賃金のなかから〝ピンハネ〟によって川副は、なにがしかの収入を得ていたものと思われる。ちなみに、この時期の日傭人夫、製糸女工の全国平均賃金（日給）はそれぞれ、三三銭、二〇銭である。

第三に、さきの田中の契約とおなじように、人夫が造船所内の秩序や指揮命令を遵守することが求められている。「就労する場所について人夫に異議を称《とな》えさせないこと。居残《いのこ》り（残業—注）、早出《はやで》（早朝出勤—同）等すべてA造船所の指図《さしず》通りに就労させること」、「工場諸規則はもちろん、役員の指図は堅く守らせること、万一、規則あるいは指図に違反するか、その他人夫が行なった行為は、受負人がその責任を負うこと」

このように、供給請負人が人夫の労働を管理するといっても、その管理が及ばない所や管理が不十分な所で生じる人夫の「違反」行為は、造船所側の判断で請負人の責任とされている。

第四に、田中との契約とは異なり、人夫の供給体制を確立するために、川副に人夫を収容する「バラック」の建設を要求している。

「受負人は人夫の供給が便利になるよう、造船所の近くに受負人の費用でバラックを建設し、常に二百名以上の人夫を収容しておくこと。ただし、この収容人員は、造船所の人夫注文高に応じ造船所の指示により増減するものとする。またこのバラックに収容する人夫は地方出身の者に限ること」、「バラックの設備については予《あらかじ》め造船所の承認を受けること」、「バラック内に収容した人夫の取締は受負人が行なうこと」

以上のように「バラック」は、造船所の近辺に建てられ、「地方」（A造船所からみた地方）出身の人夫を原則として二〇〇人以上収容する、川副経営の「人夫部屋」だった。ただ、収容する人夫の増減や設備内容への関与に示されているように、「人夫部屋」は造船所側の指示・監督のもとに置かれていた。

前述したように、田中との契約においてA造船所への人夫供給を優先することが義務づけられていた。そうした傾向、供給請負業者をA造船所に専属化しようとする志向は、川副への「人夫部屋」建設の要請で実現した。

こうしたA造船所による人夫供給請負業者の専属化は、それまでの供給請負業者との契約とは異なり、新しい二つのことを生み出した。

一つは、割増賃金と「過怠金《かたいきん》」の制度の導入である。一九〇七（明治四〇）年八月造船所は、川副が供給する人夫の数に応じた割増賃金の額と、供給不足数に応じた「過怠金」の額を決定した。

割増賃金とは、川副が供給する人夫の数に応じて一人当りの賃金（日給四二銭）を引き上げるというものである。すなわち、供給人夫数三〇〇人までは一人に付き割増三銭（日給四五銭）、四〇〇人まで

表3　供給請負人に対する「過怠金」(1907年)

(単位：銭)

供給不足人員	人夫注文高				
	300人まで	400人まで	500人まで	600人まで	601人以上
50人まで	2	1.5	1	0.5	0.5
75 〃	2.5	2	1.5	1	0.5
100 〃	3	2.5	2	1.5	1
101 以上	3.5	3	2.5	2	1.5

は割増四銭(同四六銭)、五〇〇人までは割増五銭(同四七銭)、六〇〇人までは割増六銭(同四八銭)、六〇一人以上は割増七銭(同四九銭)というものであった。

一方、「過怠金」とは、造船所側が求める人夫数(「人夫注文高」)に対して供給人夫数が不足したばあい、それぞれの基準をもとに供給請負人に一定額の「過怠金」を科すというものである(表3参照)。たとえば、「人夫注文高」三〇〇人までに対し、「供給不足人員」が五〇人以下のばあいは一人に付き二銭、一〇一人以上のばあいは一人に付き三・五銭の「過怠金」が科される。おなじように、「人夫注文高」六〇一人以上に対し、「供給不足人員」が五〇人以下のばあいは一人に付き〇・五銭、一〇一人以上のばあいは一人に付き一・五銭の「過怠金」が科される。

要するに、造船所の「人夫注文高」と「供給不足人員」に応じて〇・五銭刻みで「過怠金」が増減する仕組になっている。

人夫供給請負業の専属化にともない新しく生まれたもう一つのことは、人夫部屋(「バラック」)とは別に、供給請負人が経営する「下宿屋」への造船所側の関与が強化されたことである。一九一〇(明治四三)年九月、A造船所は、「請負人直轄下宿屋人夫取締方法」を制定した。それは以下の四項目から成っている。

「一、直轄下宿屋は一団となり相互の利益を計ることはもちろん、A造船所及び受負人の利益を計ること」

「一、下宿屋は人夫を募集して宿泊させるに当っては、本人の住所、氏名、素行を調べ、不都合なしと認めた者を投宿させること」

「一、下宿屋に居る人夫で、A造船所の工場内はもちろん下宿屋の日常生活で不都合な行為があった時は、直ちに下宿屋から退宿させ、当該人夫について下宿屋よりその理由を付して、口頭または書面で人夫供給受負人に届出るものとする。もしその届出を怠ったばあいは、下宿屋を停止する」

「一、前項の届出をした時は、受負人は各下宿屋に通知し、その人夫はいずれの下宿屋も一切《いっさい》使用しないこと」

人夫供給請負人（川副）はみずからが直轄する複数の「下宿屋」を持っていた。造船所は以上の「取締方法」の制定によって「下宿屋」に宿泊させる人夫の質、宿泊させたあとの人夫の生活・行動についても、つよい管理・規制を及ぼすようになった。

以上、A造船所の人夫供給請負業の変遷についてみてきた。その変遷から言えることは、A造船所は定傭人夫制度を設ける一方で、人夫供給請負業に一貫してつよく依存していた。ただ両者の関係は、「過怠金」の制度導入や「人夫部屋」の建設、「下宿屋」の管理、統制にみられるように、造船所のもとに供給業者を専属化、従属化させる方向で強化されていった。

三　人夫の特徴

年齢・家族構成

それでは次に、定傭人夫を含むA造船所の人夫全体の年齢・家族構成はどのようなものだったのだろうか。同所の職工との比較でその特徴をみることにしたい。一九〇二（明治三五）年の人夫一二六一人、職工三七九七人を対象とする。

まず年齢構成を、一九歳以下（a）、二〇―二九歳（b）、三〇―三九歳（c）、四〇歳以上（d）の四つの年齢層に分けてみることにする。人夫の年齢構成は、（a）六六人（全体の五％）、（b）五五〇人（四四％）、（c）三五一人（二八％）、（d）二九四人（二三％）である。

これに対して職工の年齢構成は、（a）四六七人（全体の一二％）、（b）一九四七人（五一％）、（c）八七六人（二三％）、（d）五〇七人（一四％）である。

こうした職工の年齢構成と比べると、人夫の年齢構成は（a）でも（b）でも職工よりその比率が低く、（c）（d）では職工よりその比率が高い。つまり人夫の年齢構成は若年層（二九歳以下）は低く（人夫四九％、職工六三％）、青壮年層（三〇歳以上）は高い（人夫五一％、職工三七％）。

こうした人夫と職工の年齢構成の特徴的な差異は、一九歳以下の若年層と四〇歳以上の壮年層に明確に現われている。すなわち、一九歳以下の若年層の比率は、職工の一二％に対し人夫は五％、四〇歳以上の壮年層の比率は、職工の一四％に対し人夫は二三％である。

以上のような年齢構成に対し、家族構成はどのようなものだったのだろうか。妻子と同居している者（妻帯者）、父兄その他の家族と同居している者（家族同居者）、独身者の三つに区分することにする。人夫の家族構成は、妻帯者、四四八人（全体の三六％）、家族同居者、一四三人（一一％）、独身者、六七〇人（五三％）である。一方、職工の家族構成は、妻帯者、一四五二人（全体の三八％）、家族同居者、一一三二人（三〇％）、独身者、一二一三人（三二％）となっている。

以上の人夫と職工の家族構成を比較すると、人夫では妻帯者の割合が職工よりやや低く、家族同居者の割合は職工よりさらに低く、独身者の割合は職工より著しく高いといえる。

前に述べた年齢構成と合わせて考えると、人夫は三〇歳以上、四〇歳以上の青壮年層の比率が高いにもかかわらず、独身者が多いという特徴を指摘することができる。また、人夫の妻帯者の多くは定傭人夫と推測される。

出身地

こうした独身の青壮年層を中心とした人夫は、どのような地域出身の人びとだったのだろうか。職工の出身地との比較でその特徴をみることにしたい。対象は前項とおなじく、一九〇二（明治三五）年の人夫一二六一人、職工三七九七人である。

出身地を、A造船所の「工場付近」、A造船所が立地する県（「所在地県」）、九州の諸県（「九州」）、九州以外の諸県（「九州以外」）の四つに分けてみることにする。

人夫の出身地は、「工場付近」三一一人（全体の二五％）、「所在地県」二三〇人（一八％）、「九州」五〇七人（四〇％）、「九州以外」二一三人（一七％）である。一方、職工の出身地は、「工場付近」一八四六人（全体の四九％）、「所在地県」四五一人（一二％）、「九州」九七六人（二六％）、「九州以外」五二四人（一四％）である。

人夫と職工のこうした出身地構成を比較すると、「工場付近」を出身地とする人夫の割合は職工と比べると、ひじょうに低い。逆に「九州」を出身地とする人夫の割合は、職工のそれを大きく上回っており、「九州以外」出身者の割合も職工より人夫の方が上回っている。

総じていえば、人夫は「九州」、「九州以外」の遠方の出身者が多く、職工は「工場付近」出身者が多くその半数近くを占めている。

人夫供給請負業者は、以上述べたような遠方の三〇～四〇歳代の独身者を中心に人を集め、みずからが経営する「人夫部屋」や「下宿屋」に収容したのである。少数ながら存在する「工場付近」出身の妻帯者の一部も、業者の傘下にあったと考えられるが、多くは常傭人夫としてA造船所が直接採用した人夫だった。

女性の人夫

前に記したように請負業者が供給する人夫には女性の人夫も含まれていた。A造船所を含む造船所についての当時の一調査報告書は、こう記している。

「造船所における女工は、ほとんど全部単なる人夫に過ぎない。故に、女工と言うよりは寧《むし》ろ女夫《めふ》（A造船所の用語）と称する事実に近いと言うべきである」

造船業においては、広く女性の人夫が就労していた。先に述べた人夫の年齢・家族構成、出身地には、この女性人夫のそれも含まれている。ただ、一九〇二年の時点で女性人夫だけを取り出すことはできない。それができるようになるのは、一九一八、九（大正七、八）年からである。年齢構成は一九年から、家族構成と出身地は一八年からである。一八年、一九年のA造船所の人夫はそれぞれ一三三〇人、一三八五人、その内女性人夫は三四九人、三七七人で、人夫全体に占める女性人夫の割合は二六％、二七％である。以下、女性人夫の年齢構成（一九年）と家族構成（一八年）、出身地の特徴（一八年）をみることにしよう。

まず年齢構成をみると、一九歳以下は一一〇人（三七七人の二九％）、二〇―二九歳は一七五人（四六％）、三〇―三九歳は七九人（二一％）、四〇歳以上は一三人（三％）である。二九歳以下の若年層が女性人夫の七五％を占めており、三〇歳以上・四〇歳以上の青壮年層が中心の人夫全体の年齢構成とは明らかに異なっている。

また女性人夫の家族構成をみると、「夫子同居」（既婚者）は二一二人（女性人夫三四九人の六一％）、家族同居者一二〇人（三四％）、独身者一七人（五％）である。既婚者や父兄と同居している女性人夫が圧倒的に多く、独身者中心の人夫全体の家族構成とは明らかに異なっている。

次に、女性人夫の出身地をみると、「工場付近」は一〇八人（女性人夫三四九人の三一％）、「所在地県」一五六人（四五％）、「九州」八一人（二三％）、「九州以外」四人（一％）である。A造船所の近辺と同所所在地県の出身者が女性人夫の多数を占めており、遠方の出身者は少ない。

A造船所を含む造船業に関する当時の一調査報告者（前出）は、女性人夫について「その多くは……同一工場に居る男工の妻、その他の家族である」と記している。

このことをふまえると、女性人夫の多くは工場近辺・県内出身の若年層で、A工場で就労する男性職工の妻（「夫子同居」）や娘（「家族同居者」）だった。こうした夫婦あるいは父と娘が同一の職場で（ただし就労分野は異なる）共に働く家族的就業形態は、後述する石炭鉱業の労働形態のことも考えると、近代日本においてかなり広くみられた現象だったのではないかと、推測される。

それはともかく、女性人夫の以上のような諸特徴を考えると、女性人夫のなかには業者によって供給される人夫（ただしそのばあいは「自宅」から）がいる一方で、A造船所が直接雇用する常傭人夫も少なからず存在していたのではないかと思われる。

四　「工場人夫」はなぜ捉えられなかったのか

以上、A造船所における工場人夫とそれを供給する請負業についてみてきた。人夫と供給請負業について詳細に述べてきたのは、日本の資本主義の成立期（産業革命期）において機械と機械を結びつける運搬過程は機械化されていないことを強調するためだった。

産業革命による機械制工場の誕生は、作業機械と原動機の発明（導入）と応用であって、機械と機械が伝導機構によって結びつき、機械体系（ライン、流れ作業）が成立することと同じではない。「機械制大工業」による資本主義の成立は、運搬過程の重筋労働を担う多数の不熟練労働者を必要とした。

従来のマルクス主義は、この「機械制大工業」の成立と機械体系の成立を同一視し、あるいは両者を区別できなかったために、三つの問題点を生み出した。

一つは、本章の冒頭で述べたように、「機械制大工業」の成立による諸「生産過程」の結合は、労働者にさまざまな能力を与え、連帯する基盤を作り出し、変革主体としての労働者階級（プロレタリアート）を生み出したとする虚像が流布することになった。

もう一つは、運搬過程の重筋労働を担う不熟練労働者が見えなかったために、機械工業は〝近代〟的産業、「人夫部屋」などの「部屋」は〝封建〟的労働組織という誤った歴史像がつくられることになった。

このような歴史像では、A造船所の経営的発展（機械工業の〝近代〟的成長）とともに、なぜ、当初存在しなかった「人夫部屋」がつくられ（〝封建〟的労働組織の成立）、同造船所の関与が強まっていくのかという問題に答えることはできない。

三つめの問題は、運搬過程の重筋労働を担う不熟練労働者が見えなかったために、「人夫部屋」を生み出した人夫供給請負業という〝業種〟を完全に見落とすことになった。

序章で述べたように、日本の本格的工業化は、多数の不熟練労働者を生み出し、それを必要とした。A造船所にとっても、運搬過程を担う多数の重筋労働者を必要としたものの、それらの労働者をみずから募集することは困難だった。人夫供給請負業に依存したのは、そのためである。

逆に言えば、人夫供給請負業者は、良し悪しは別として重筋労働者を中心とする不熟練労働者の市場開拓力をもっていた。マルクス主義は「生産過程」を重視するあまり、また機械工業についてはその理解が一面的だったために、労働市場の問題に対する認識不足を露呈することになったのである。

第4章 機械工業（2）——職工の意識

一　工場規則と個人労働意識

なぜ機械工の意識か

前章では、機械工業の「生産過程」から労働者階級の成立を説く見方は誤りであることを指摘した。そもそもの問題点を言えば、「生産過程」という経済の領域から労働者の意識を説くことは、下部構造（経済的階級関係）が上部構造（政治権力、社会意識）を規定するという唯物史観から生まれたものである。

資本主義の成立によって資本―賃労働関係が生成したという見方も同様で、そこから導き出される労働者の意識は、資本（家）に対する対立意識、資本（家）によって支配されているという被支配意識である。このような見方は正しいのだろうか。

前章では機械工業における不熟練労働者の存在を強調したが、本章では機械工自身はどのような意識をもっていたか取り上げ、上記のような労働者意識では捉えることができない、その実像を明らかにしたい。なお、このテーマについて筆者は以前に論じたことがあるが、そのさい機械工の「仲間意識」を強調したため、それと本章で述べるような意識とを矛盾することなく統一的に捉えることができなかった。このテーマにアプローチするために問題を絞ることなく、多方面に広げすぎたことが原因である。

工場規則

「生産過程」によって機械工が訓練され、組織性と規律性を身に付けるという理論が誤りだとすれば、機械工を近代の工場労働に適応させ馴致《じゅんち》させる仕組は何だったのだろうか。端的に言えばそれは、工場規則の制定である。

工場規則は現在の企業の就業規則とおなじように、出社・退社時間などの労働時間や休日などを定めているが、それにとどまらず機械工のさまざまな行いに対する罰則規定をも細かく設けている。経営側が工場規則を制定するさい、処罰の対象とした機械工の行為はけっして一、二例ではなく、かなり多く見聞された行為だったと考えられる。そのことは逆に言えば、工場規則をもってしても機械工を近代の工場労働に適応させ馴致させることが相当困難だったことをものがたっている。

ただ、工場規則の罰則規定をみると、当時の機械工の犯則行為とともに、そのなかに潜む機械工の意識を読みとることができる。

筆者が把握している機械工業の工業規則は以下の六つである。

「鉄道局工場取締規則」(一八八五年制定)、東京砲兵工廠「職工規則」(一八八九年制定)、三菱長崎造船所「工場規則」(一八九〇年制定)、横須賀造船所「職工規則」(一八七二年制定)、横須賀海軍工廠

「職工規則施行細則」（一九〇五年制定）、石川島造船所「工場規則」（制定年次不詳）

鉄道局とは工部省（現在の国土交通省と経済産業省を合わせたような省）所管の鉄道の監督官庁で、車両の製造、組立、修繕を行なう工場を複数もっていた。

東京砲兵工廠は一八七九（明治一二）年に発足した陸軍省直轄の国営軍事工場で、陸軍少将村田経芳《つねよし》（一八三八―一九二一）が発明し村田銃と呼ばれた日本式の小銃の製造が主な業務だった。

三菱長崎造船所は、工部省の長崎造船所が一八八四（明治一七）年三菱社の岩崎弥太郎に貸与され、その後八七（明治二〇）年に払下げられた民間最大の造船所である。

横須賀造船所は幕末、明治期の幕営・官営の造船所で、一八七二（明治五）年に海軍省所管となり、一九〇三（明治三六）年の海軍工廠条例の制定により横須賀海軍工廠となった。

石川島造船所は、一八五三（嘉永六）年水戸藩が創設した造船所で、明治維新後海軍省所管となったが、その後平野富二に貸し下げられ、七六（明治九）年日本で最初の民間造船所として開業した。

工場規則制定の背景

工場規則が制定されたことには、どのような背景があったのだろうか。

「鉄道局工場取締規則」の制定にあたって、一八八五（明治一八）年一一月工部卿《きょう》（工部省の「大臣」）が太政大臣《だじょう》（明治前期の中央権力機構である太政官制の最高官職）にあてた上申書は、その制定の意図を次のように記している。

「当省鉄道局は次第に事業を拡張していますが、それとともに工事はますます多忙になっています。したがって使役する職工の勤惰（つとめることとなまけること―注）を監督する方法もまたますます整備する必要があります。職工の就労を励ますにあたっては、まさに勧奨《かんしょう》と懲戒の二つの途《みち》を断行することが必要です。それが無ければ職工の就労に期待することはできません」

ここでは、鉄道局の「事業の拡張」とともに、工場規則が必要になることがうたわれている。「鉄道局工場取締規則」が制定されたときの職工（機械工）数は分からないが、一八九三（明治二六）年には一三〇〇人に及んでいる。

このように、事業の拡大にともなう職工数の増加が工場規則制定の背景だった。実際、東京砲兵工廠の職工数は、一八八五（明治一八）年は一二〇七人だったが、「職工規則」制定当時は一四九一人で、四年間で約三〇〇人ほど増加している。長崎造船所の職工数は、三菱へ貸与される直前、まだ工部省の管轄下にあった八四（明治一七）年は四六六人だったが、三菱へ貸与、払下げ後は急速に増加し、一九〇二（明治三五）年には五〇五八人に及んでいる。また横須賀造船所の職工数は、「職工規則」制定時は一〇九七人だったが、同所が海軍工廠となり「職工規則施行細則」を制定したときは九〇九三人までに増加している。それにともない、横須賀造船所時代の「規則」はわずか五条だったのに対し、横須賀海軍工廠の「施行細則」は全七七条まで増加した。

以上のように、職工数が増加する過程で工場規則が制定され、あるいは条項が増えていったのはなぜなのだろうか。それは端的にいえば、工場労働の経験がまったくないさまざまな職業の人びと（その多くは職人だった）が入職することによって、それらの人びとがそれまで身につけてきた常識や経験と近代の工場労働との間にさまざまな摩擦や軋轢《あつれき》があったためである。

したがって、前に述べたように、工場規則の罰則規定（職工の犯則行為）のなかに、近代の工場労働に直面したときの職工のさまざまな意識を読みとることができる。

以下、前記六つの規則の多くにみられる罰則規定（職工の犯則行為）をみることにする。

工場労働への不適応（1）

前記工場規則の罰則規定をみていくと、職工（機械工）が工場労働に明らかに適応していない、適応しようとしない規定が多いことに気付く。規則や秩序が求められる工場労働を忌避《きひ》する職工に対する規定である。以下、例示として二、三の工場規則に絞ってその規定を紹介する。

（1）工場からの抜け駆け、終業前の退場行為

「職工及び人夫が毎朝入場後直ちに工場を脱出し、昼食時ころに混雑に紛《まぎ》れて工場に帰る者は……厳罰に処する」（横須賀造船所）、「無届で退場または出門したときは日給二、三日分の罰金に処する」（鉄道局）、「入場の後は勝手に退場することを許さない」（東京砲兵工廠）

（2）就業中自分の職場から離れ、ほかの職場に勝手に出入りし（結果として）業務を妨害する行為

「就業時間中自分の仕事に関係しない他の工場（職場）内に濫《みだ》りに立入り、其の工場（職場）の妨害と認められたときは、一日分の賃金を引去る」（三菱長崎造船所）、「濫りに他の工場（職場）に立入り、

または自分の仕事を休止し、あるいは他人の仕事を妨害し、または諸方を徘徊した者は処分する」（横須賀海軍工廠）

（3）就業時間中、妻などの家族か友人・知人かは明らかではないが、「外来」者と会い会話などをする行為

「就業中は外来人との面会は許さない」（東京砲兵工廠）、「職工出業中は工場（職場）もしくは廠内において一切《いっさい》外来人との面談を禁止する」（横須賀海軍工廠）、「柵《さく》内より柵外の人と談話したときは、日給十分の一から一日分を取り立てる」（鉄道局）

以上のような、工場からの抜け駆け、終業前の早期退社、自己の持ち場での労働を嫌い興味本位・好奇心でほかの職場に出入りする行為、「外来」者との面談など、これらに対する罰則規定は、当時の職工がこうした行為を頻繁に行なっていたことを示している。

そこには、規則の有無にかかわらず規律や秩序が求められる工場労働を忌避する職工の意識があった。

工場労働への不適応（2）

職工の工場労働への不適応を示す規定は、ほかにも見られる。

（4）就業中の喫煙、飲食、睡眠などの「怠惰」な行為

「就業中飲酒はもちろん遊戯をしたときは、日給四日分から五日分の金額を取り立てる」（鉄道局）、「就

業中喫煙または睡眠した者は見当《みあた》り次第一日分の賃金を引き去る」（三菱長崎造船所）、「就業中喫煙、飲食、書見（読書）、睡眠など遊惰《ゆうだ》に流れる者は、その軽重に従って減給もしくは解雇する」（石川島造船所）

（5）工場内（外）での賭博・金銭などの貸借行為

「廠内に於て賭博に類する行為はもちろん、互いに金銭の貸借および私品の売買等をすることを禁止する」（東京砲兵工廠）、「工場の内外を問わず、賭博その他これに類似の勝負事をする者がいる時は見当り次第相当の処分をし、場合によっては解雇またはその筋に告発する」（三菱長崎造船所）、「賭博に類する行為をした者は処分する」（横須賀海軍工廠）、「利益を得る目的で廠内で金銭を貸与し、あるいは売渡す者は処分する」（同）

（6）職工同士の喧嘩・争いなどの行為

「人と口論または喧嘩をしたときは、日給二日分から三日分の金額を取り立てる」（鉄道局）、「工場内において争闘（争い）、喧嘩、その他粗暴の行為をした者は、その事情を問い質《ただ》し三日分以内の賃金を引去る」（三菱長崎造船所）、「相互に評論（言い争い）、闘争等の不良行為がある者は、その軽重に従って減給もしくは解雇する」（石川島造船所）

（7）そのほか、横須賀海軍工廠が存在する地理的要因が関係していると思われるが、同廠の規則では、職工の以下のような行為が処罰の対象となっている。

「船渠《せんきょ》の近くで濫りに水を浴びたり、渠口《きょぐち》で食物その他を洗うことを禁止する」、「廠内の水道の出水口で食物、衣類、汚物を洗ってはならない。また衣類などを乾かすことも禁止する」、「果実や貝、海藻を採ったり、樹木や花を折ったり、魚や鳥を捕ったりした者は処分する」

以上述べた規定から、工場の就労時間中に私生活の行為が入ってもかまわないとする職工の意識を読みとることができる。（4）にみられるような、就業時間中に酒を飲んだり食べたりタバコを吸ったり眠ったりする行為や、（7）で記したような、工場内での食物や衣類の洗浄・乾燥、工場内、周辺での草花・果実・魚貝・海藻の採取などの生活行動に、それはよく示されている。

（5）で記した賭博行為も、それが違法だったにもかかわらず多くの職工にとって終業後の（工場外での）重要な楽しみでもあり、遊びでもあった。（5）の規定は、そうした生活時間の楽しみ、遊びが工場内の就業時間に持ち込まれていたことを示している。

（6）の職工同士の喧嘩・争いは、集団的・組織的労働に馴染《なじ》めず、精神的・肉体的苦痛（今日でいう〝ストレス〟）をかかえた職工同士のトラブルととらえることができる。ただ、一八七七（明治一〇）年から八一（明治一四）年までの東京府違《い》警《けい》罪（今日でいう軽犯罪）取り締り人数は、「喧嘩口論」（一万三千人）は、「放尿」（二万〇千人）、「裸体」（一万九千人）に次いで多く、当時の社会では一般的に行なわれていた行為だった。⑹の規定は、そうした行為が近代の工場労働でも遮断することができず、逆に工場労働のストレスフルな事情でそうした行為がいっそう誘発されていたことを示している。

工場労働への不適応（３）

職工の工場労働へ不適応を示すもう一つの規定は、工場労働への犯罪行為をともなった「抵抗」である。もちろん、職工にとってそれがどこまで「抵抗」として意識されていたのか、あるいはそれが犯罪ではなくどこまで通常の行為として意識されていたのかは、知ることができない。そのことを踏まえて、「抵抗」とおもわれる行為を示せば、以下のとおりである。

（8）私品の製造行為

「入場中窃《ひそ》かに私用の物品を製造し、あるいは他人の依頼に応じてこれを製造する者は、三日分の賃金を引き去り、なお臨機の処分を行なうことがある」（三菱長崎造船所）、「出業中私用の物品を製造し、またはこれを依頼し依頼を紹介した者は、処分する」（横須賀海軍工廠）、「窃かに私品を製作し、または職務外の物品に加工する者は、その軽重に従って減給もしくは解雇する」（石川島造船所）

（9）職札を被損、紛失し、あるいはその掛け外《はず》しを他人に依頼する行為（職札とは工場内での一種の身分証であり、出場時、退場時にその掛け外しを行う）

「職札を遺失し、またはその掛け外しを他人に依頼し及びこれを承諾し、またはこれを携帯しないときは、日分十分の一から一日分の金額を取り立てるものとする」（鉄道局）、「職札の取扱を疎漏《そろう》にし、あるいは置き忘れ、紛失し、またはその掛け外しを他人に依頼したり委託を受けて掛け外しをした者は処分する」（横須賀海軍工廠）、「職札を破損したり理由なく遺失したり、またはその掛け外しを他人に

託しもしくはそれを受託した者は、その軽重に従って減給もしくは解雇する」（石川島造船所）

（10）道具、物品の工場外への持ち出し、窃盗行為

「各自借受けの工具はもちろん、その他ごみに等しいものでも、決して持ち帰ることを許さない」（東京砲兵工廠）、「各職場において貸し渡している道具類を場所外に持ち出し、または所属の物品を盗み取った者は、問い質《ただ》した上で直ちに其筋へ引渡す」（三菱長崎造船所）

処罰の対象となる以上のような職工の行為には、「私品の製造」にみられるように、職工に雇用労働者としての自覚が薄く、時間があれば私品を製造しても構《かま》わないとする意識が存在していた。職工にとって、雇用労働を主としつつもそれと個人労働との境界は不分明だった。その不分明さを利用して意識的に個人労働の領域を広げれば、「私品の製造」などの行為が生まれることになる。

「職札の被損・紛失、その掛け外しの他人への依頼」も、雇用労働者としての、工場の構成員としての意識が薄かったことを示している。このような意識が、見つからなければ道具類を工場の外へ持ち出しても構わないとする脱法意識を生み出したのである。

不適応の根底にある意識

以上三つの項目に分けて、工場労働に対する職工の不適応を示す行動をみてきた。最後に、それでは三つの項目に通底する職工の意識は何だったのだろうか。それは端的に言えば、個人労働意識の強さだった。

「不適応」（１）で述べたような、工場の規律や秩序を嫌う職工の行為、言葉を換えれば、集団的・組織的労働に馴染めない職工の「自由」な行為のなかにそれは示されている。もちろん、ここで言う「自由」とは現代の人権の一つとしての自由ではなく、現代的表現を使えば、自己中心的で無軌道な行為として評されよう。ただ、現代的な価値・規範で過去の職工の行為を斬れば思考はそこで止まり、集団的な工場労働に馴じめない職工（その多くはかつては職人だった）の個人労働意識の強さをとらえることはできないだろう。

「不適応」（２）で述べたような職工の行為も、就業時間中に私生活の行動が入っても構わないとする意識であるが、その意識は職工にとって就業時間と生活時間が明確に分離されていなかったことを意味する。

その理由の一つは、江戸時代では職人にせよ商人にせよ住居と働く場所は多くのばあい一体となっており（職住一体）、住んでいる場所から働く場所へ〝通勤〟するという経験は、土木作業の一部などを除けばほとんどなかった。このことが、工場労働のなかに職工の生活行動が入り込む一因となった。もう一つの理由は、後述するように、当時はまだ労働は個人労働が基本であるという価値意識が社会的に広く共有されていたことである。すなわち、労働時間という時間ぎめで他人（経営者）のために働く雇用労働を良しとする規範が社会的に十分確立されていなかった。前記したような職工の行動は、意図せずしてそうした社会的な規範に影響されていたと考えられよう。

「不適応」（３）で述べたような職工の行動は、こうした個人労働意識が工場労働のなかにつよく混在していたことを示すものだった。

二　工場の労働環境

異様な工場

上述したように、当時の職工（機械工―以下同じ）は強い個人労働意識をもっていた。ただ、職工の意識はそれのみでなく、もっと複雑な態様を呈していた。それを知るためには、当時の工場の労働環境と組織のあり方を見ることが必要である。まず労働環境について見ることにする。最初は、当時の工場の凄《すさ》まじい様相である。

一八九七（明治三〇）年、東京砲兵工廠を調査した政府の調査官は、工場内に充満しているガスと塵埃《じんあい》（ほこりとちり）に驚いている。まずガスについては、次のように記している。

「当廠の中にある工場の有害ガス発生中、主なものは炭酸ガスと酸化炭素ガスである。職工が最初当工場入ると常に頭痛、逆上（血が頭にのぼった状態）におちいる。ただ入場後一週間以上経過すれば、少しずつその症状は弱まり頭痛も消失するが、逆上は弱まるにとどまる」

調査官はこうした状況は金属を扱う工場に多いとし、さらに次のように述べている。

「状況によっては職工は昏倒《こんとう》（目がくらんで倒れること）する。その症状は初めは頭痛、悪心《おしん》（胸のむかつき）、嘔吐《おうと》を来し、遂に人事不省（意識を失うこと）に陥る。ただ、直ぐに場外に出せば意識は戻る。したがって、ある工場の操業者（職工）は時々場外に出て外気を吸う」

また塵埃についても、調査官は次のように記している。

「塵埃は各工場で夥《おびただ》しく、木工場で木塵、鍛工場では炭塵、仕上場では金属塵など、各工場それぞれ固有の塵埃を出している」

東京砲兵工廠と並んでもう一つの陸軍直轄の軍事工場である大阪砲兵工廠（一八七九年設立、主として火砲を製造）も同様だった。同廠の「衛生調査報告者」（一九〇五年）を分析した研究は、「工場建屋内の多くは清掃不行届《ゆきとどき》で、塵埃舞い上がり、熱気と騒音すさまじく、油と金属の屑と粉にまみれている」と記している。

一九〇四（明治三七）年、明治政府（農商務省）は各種工場を調査した結果の報告者を公表し、そのなかで「矯正」すべき工場の「弊害」をいくつか指摘しているが、そのうちの二つは以下のとおりだった。「塵埃、粉末、悪臭、汚液、有害品並びに震動、騒音に関する除外の方法が備わっていないものが多いこと」、「工場の換気設備が不完全なものが少なくないこと」

以上のような工場内の環境の異様さについては、当時の職工や職員もその著書で述べている。西山夘之助（一八七五年、大阪市生まれ）は、八七（明治二〇）年一二歳のとき大阪鉄工所（八一年イギリス商人のE・H・ハンターが個人で創業）に入職した。西山は、工場内の轟音《ごうおん》と塵埃に驚いて次のように記している。

「はじめて工場にはいって驚いた。『ワーン』と轟音がたちこめ、大勢の職工が右往左往している（中略）製罐工場は耳が聞こえなくなるようになり、リベットをうつ音をいつも立てていた（中略）職工は石炭の煙や埃にまみれ、耳が聞こえなくなるような物凄《ものすご》い音のなかで真っ黒になって働いている」

また、当時三菱長崎造船所の職員だった枡本卯平も次のように書いている。

「外から工場の内を覗けば、まるで地獄もこんな所かと驚かれるほど、蒸気が立ち、叫び声が起き、さまざまな響が聞え、人を見れば、筋張った額に汗みどろになり（中略）全く恐ろしい別世界の観である」

そのうえで枡本は、「工場は怖ろしい所へ来る人間の掃き溜めのような所」と述べている。

死傷・疾病

以上述べたような異様な工場の実態を、職工の死傷・疾病の状況からみてみよう。

このことについて、前出の農商務省「職工事情」のうちの「鉄工事情」はこう記している。

「鉄工場においては工場と設備が不完全なため業務上の負傷が少なくない。なかでも、皮下挫傷、熱傷、骨折、異物の眼中混入などが最も多い」

同じような事情から疾病にかかる職工も多かったものと思われる。

そこでまず、前出のA造船所をとりあげ、職工の死傷・疾病者数とその割合をみることにしたい。

同所の業務上の死亡者数は、一九〇二（明治三五）年から一四（大正三）年まで毎年五人から一〇人におよんでいる（一五年以降は不明）。一方、負傷者数は、四三三八人（一九〇二年）、七二六八人（〇六年）、六三三七人（一〇）年、一万六〇二三人（一四年）と急増している。職工数に対する負傷数の割合、負傷率も同様で、八四％（〇二年）、八二％（〇六年）、一一八％（一〇年）、一五五％（一四年）と上昇している。一九〇六年までは一年間で職工一〇人中八、九人がなんらかの負傷を負っていたのに対し、一〇年、一四年には一年間で一人平均一・二回から一・五回の負傷を負うようになった。

その負傷の内容をみると（一九〇一年、職工数五〇六八人）、負傷者四〇五一人（負傷率八〇％）の内訳は、頭部負傷一二九二人（負傷者全体の三二％）、上肢負傷一三〇八人（同三二％）、下肢負傷一一三四人（同二八％）、胴体負傷三二四人（同八％）、炭酸中毒三人（同〇％）だった。

次に、A造船所の職工の疾病者数と疾病率をみよう。

疾病者数は、八〇九人（一九〇二年）、七九七人（〇六年）、八三一人（一〇年）、二一二〇人（一四年）、一万九八七一人（一七年）と推移している。職工数に対する疾病者数の割合、疾病率は一六％（〇二年）、九％（〇六）年、一五％（一〇年）、二一％（一年）、一四〇％（一七年）である。このようにみると、一四（大正三）年までは一年間で職工五、六人に一人かあるいは一〇人に一人が病気に罹《かか》っているのに対し、第一次世界大戦中は増加し、職工一人が年に平均で一・四回罹患するようになった。

疾病の内容は、消化器系、呼吸器系、神経系の病気の順で多く、これらの病気が疾病の大半を占めている。

東京砲兵工廠のばあいはどうか。職工の疾病状況についてはわからないが、さきの政府調査官は死亡者について克明にあきらかにしている。それによれば、一八九五（明治二八）年一年間の死亡者五八人で、その病名別内訳は「肺労」（肺疾患）二三人、「虎列剌《コレラ》」八人、「脚気《かっけ》」八人、「脳病」五人、「胃病」三人、「腸加答児《カタル》」（カタルは粘膜表層の炎症）三人、その他八人だった。「肺労」による死亡者がもっとも多いが、工場内のさまざま塵埃がその原因だった。

また別の調査になるが、一九〇五（明治三八）年、同工廠の肺結核検診者二万七二五四人の内、肺結核患者と診断されたのは四六八人（罹患率一・七％）にのぼった。

一方、大阪砲兵工廠のばあいはどうか。前出の「衛生調査報告書」を分析した研究によれば、一九〇五（明治三八）年一月から六月までの半年間で同工廠医務室で診察を受けた「公病人」（作業が原因の負傷者、疾病者）は八七六〇人で、職工全体の四二％におよんでいる。年に換算すれば、「公病」率は八四％となる。

負傷・疾病による職工の死亡者数者は、〇三（明治三六）年一〇月から〇五（明治三八）年七月までの一年一〇カ月間で六六人に達している。また肺結核患者数は、〇五（明治三八）年現在四一五人、検診者数一万三三七七人の三・一％で、東京砲兵工廠より高かった。

以上、A造船所、東京・大阪両砲兵工廠の負傷・疾病状況について述べてきたが、それらの原因となった工場内の劣悪な環境は、職工の体格にも深刻な影響をあたえた。東京砲兵工廠を調査した先の政府調査官は、職工の体格についてこう記している。

「入職後一年経《た》った者で一六歳未満の職工の体格は、栄養不良の状態の者は五一・九％、姿勢に変状を呈する者は二八・八％……入職後五年経った者の体格は、栄養不良の状態の者は五三・三％、姿勢に変状を呈する者は三〇・〇％である」

ここには、勤続を重ねることによって体力と体格がしだいに落ちていくことが示されている。

欠勤

以上のような職工の身体を蝕《むしば》む工場内の異様な環境は、職工の欠勤をうながす一つの要因となった。実際、A造船所の欠勤率（在籍職工数に対する欠勤者の割合）は、二一％（一九〇二年）、二三％（〇六年）、一三％（一〇年）、一五％（一四年）だった。やや減少傾向にあるとはいえ、職工四～七人の内一人は欠勤するという状況だった。欠勤率のこの水準は、ほかの工場でもほぼ同様で、日露戦争末（〇五年）の大阪砲兵工廠の欠勤率は一九％だった。

こうした欠勤率の高さを生んだ要因としてはさまざまなことが考えられるが、そのうちの一つは上述した工場内の異様な環境だった。実際、大阪砲兵工廠の職工の欠勤については、「多くの場合、真の疾病が原因で欠勤するか、そうでなければ作業の苦痛を嫌い、一時の安逸《あんいつ》（ぶらぶら暮らし）を貪《むさぼ》るために欠勤する」という史料上の記述がある。

出勤して工場の劣悪な環境のなかで就労するものの、負傷したり病気に罹ったり時には死に至る可能性が高いことは、職工にとっては怖いことであり、それが高い欠勤率を生んだ一因だった。

高い欠勤率を規定したもう一つの要因として、「工場規則」の項で述べたこととの関連でもう一つ指摘しておかなければならないことがある。

当時の職工は副業していたり、家族がなんらかの仕事をしていたりした者が少なからずおり、その副業・家業の多忙が欠勤の一因となった。造船所に関する当時の一調査報告書は、次のように述べている。「欠勤の理由としての『家事都合《つごう》』の中には、副業または家族の業務が多忙という場合も含んでいる。例えば浦賀船渠（一八五三年江戸幕府が設置した浦賀造船所跡地に九六年に創業）のように、漁家の若者で同時に職工という者が少なくない。そのため、大漁の場合これらの職工の欠勤が多いことがある」

副業や家業のために欠勤するという職工の意識は、前述したような工場内にあって労働時間と生活時間が明確に分離されていない職工の行動と深く関連しているように思う。

三　未熟な経営組織と労働争議

「監督者」になるための情実

次に、当時の工場の組織のあり方についてみてみよう。問題となるのは、組長や世話役、助役など現場で職工を指揮・監督している職長＝「監督者」である。

これまでの研究では、手工的熟練を必要とする現場では、比較的長い期間の就労によって熟練度を高めた熟達した職工が経営側の判断で組長などの「監督者」に昇進したと理解されてきた。そうした見方は大筋では間違いではないが、ただそれだけでは、職場の生の現実を見落とすことになりかねない。組長などの「監督者」はどのようにして登用されたのだろうか。前出の「鉄工事情」（一九〇三年）は、このことについて次のように記している。

「これらの監督者は職工出身の者が多く、勤続年数が長いこと、あるいは技能が精練であることなどの事情で選抜されることが常である。しかし、工場長その他の主任者が情実によって監督者を抜擢することがある」

ここでは、職工から「監督者」への昇進が上役の情実によってなされるばあいがあることが示されている。ただし、こうした情実人事は稀《まれ》なケースではなく、かなり広い範囲で行われていた。明治期の社会労働問題研究家・横山源之助（一八七一年富山県生まれ）は、その著書「日本之下層社会」（一八九九年）のなかでこう述べている。

「助役、私立工場では職工組長あるいは世話役と言われる者は、職工の中でも技能が熟達した者、そうでなければその工場の年功者であることは言うまでもない。しかし、何らの技能もなく、他に年功者が多いにもかかわらず、たまたま職工組長や助役になる者がいることを見ることがある。職工が囁《ささや》くところによれば袖《そで》の下《した》だという。袖の下……ある者は工場長に懐中時計を贈《おく》って間もなく助役に引き上げられた者がいる。洋服を贈って助役心得《こころえ》（助役の代理ないし補佐—注）となった者がいる。雑役工から出世して世話役になった者がいる」

横山はまた、別の著書で次のように指摘している。

「世話役がその地位に上った事情を聞いてみると、職工の間で人望があったり、あるいは技能が優れている者が選ばれたということではなく、上長にお世辞を言うことが巧《たく》みなため世話役になった者がいる。縁故があることで助役に昇進した者がいる。職工に不相応の物品を贈ったことで職工組長に昇進した者がいる。内情をみれば随分《ずいぶん》、依怙贔屓《えこひいき》が多い」

以上のように、職工が「監督者」に昇進するさい、情実人事がかなり広い範囲で行われていた。

昇給の際の情実

このように、工場の経営組織のなかに情実が深く入り込んでいたことは、職工の昇給にも影響をあたえた。

これまでの研究では、職工の昇給は勤続年数や技能の熟達度で決定されるとされてきた。こうした理解は、理論的にいえばそう言えるし、また事実としても大筋では間違っていない。ただ、この理解にとどまるならば、この時期の昇給のリアルが見えてこない。

横山源之助は、「日本之下層社会」のなかで次のように記している。

「各工場に入ってその実情を調べてみると、おおよそ昇給の事ほど偏頗《へんぱ》（不公平と同義―注）、不公平の悪徳が行われることはない……今日の実際のところ昇給の基準は有るようで無い。もし強いてその基準を求めれば、上長に媚《こび》を売ることに巧みな者が多く昇給する傾向があること、この一事を挙げるだけである」

横山はまた別の著書のなかで、より詳しくこう書いている。

「昇給は技能の進歩もしくは精勤の如何《いかん》を基準とすべきなのに、実際はいつも欠勤がちな者が昇給することがある。技能になんらの発達がないのに同輩を飛び越えて昇給の恩典にあずかる者がいる。工場の内幕に入って調査すれば、昇給の理由があるのは極めて少ない。大ざっぱに私に言わせれば、技能の発達、精勤の如何は昇給の基準ではなく、むしろ工務長、技師、監督者に対するお世辞が巧《うま》いことが、今日の我国の工場内で行われている昇給の基準のように見える」

昇給に限定したことではないが、職工に対する「監督者」の不公平な取扱いについて、政府（農商務省）の調査報告書（一九〇三年）も次のように記している。

「これ等の者（組長などの「監督者」―注）の中には何等《なんら》教育を受けることなく生長（昇進―注）した者が多いので、往々《おうおう》にして職工の取扱で良くないことが多い。あるいは、職工に対して不公平の処置をすることが少なくない」

昇給を中心とする職工に対する不公平な取扱いは、職工の怒りを買うことになった。その怒りのはけ口について横山は、「不愉快を壁に訴え、女房にあたり、ヤケ酒を飲む」と記している。

近代以前の江戸時代には武家社会などの一部を除けば、ヒエラルキーをもった組織は存在しなかった。したがって、工場というヒエラルキーをもった組織において人が情実によって動くということは、職工にとって初めて体験する怒りが沸《わ》く出来事だった。特に前に述べたような個人労働意識が強い職工にとっては腕が全《すべ》てだった。そうした職工にとって、それとはおよそ関係がない口が巧《うま》いというだけで昇給する或いは「監督者」となり自分を管理する立場になるということは、堪えがたい苦痛だった。したがって職工は、「壁に訴え、女房にあたり、ヤケ酒を飲」んでいただけではない。職工の怒りは、この時期の労働争議発生の重要な要因だった。

労働争議の特徴

産業革命によって資本主義が成立した明治三〇年代から四〇年代にかけて、労働争議が多発した。これらの争議をこれまでの研究は、資本主義の成立を示す「資本家（階級）」と「労働者（階級）」の賃金・労働条件をめぐる闘い（資本・賃労働の対立）として捉えてきた。しかしこうした理解では、この時期の争議の重要な特徴を見落とすことになる。

明治三〇年から四四年までの機械工業における労働争議は三四件確認することができる。それらの争議を調べてみると、たしかに賃金増額を求める争議は多いが、同時に見落とすことができないのは、そうした賃金増額争議においても「待遇改善・監督者排斥」を前面に出した争議が少なくないこと、また「待遇改善・監督者排斥」だけを掲げた争議も少なからず存在することである。ここで言う「待遇改善」とは職工に対する処遇の改善である。

この時期に「待遇改善・監督者排斥」を求める争議が多いということは、賃金・労働条件をめぐる「資本家（階級）」と「労働者（階級）」の対立という構図では説明することができない。そうではなく、職場における職工に対する差別的処遇の解消（待遇改善）、そうした差別的処遇を平然と行う「監督者」

の解職・解雇（監督者排斥）を求める争議が、この時期の争議の重要な特徴だったことを示している。

事実、前出の「鉄工事情」は、この時期の労働争議についてこう記している。

「各鉄工場において職工の不平は鬱積《うっせき》し、遂に同盟罷工（ストライキ―注）の非を企《くわだ》てるに至る。その理由は、賃金、労働時間などの労働条件に関する場合は甚《はなは》だ少なく、多くは監督者の職工に対する統制が宜《よろ》しくない為に生ずる不満に基いている」

そして、その背景として「鉄工事情」は、「往々《おうおう》にして工場長やその他の主任者が情実によって『監督者』を抜擢している」ことをあげている。

また、「友愛会」（後述）の創立者の一人である鈴木文治も、その機関誌（一九一五年一月号）のなかで次のように述べている。

「日本には未だ真の資本と労働との衝突はないと言っていい。なぜならば、私が見た多くの労働争議は、資本家と労働者との利害または感情の衝突というよりも、資本家・工場主の使用人にして其の中間に介在し直接労働者を指導している『監督者』と人々との争いに基くものを見ているからである。私は最近の三年間で大小十三、四回の同盟罷工の調停を試みたが、そのほとんど八、九までが『監督者』との意思感情の疎通を欠いていることが原因だった」

労働争議の事例

そこで次に、「待遇改善・監督者排斥」をもとめる労働争議の具体的な事例を三つほど紹介したい。

一つは、一九〇六（明治三九）年に発生した呉海軍工廠（一八八九年に設置された呉鎮守府下にあった造船廠と兵器廠が一九〇三年合併して発足）の争議である。

この争議は、日露戦争終結後、同廠の作業量が減少するにともない、職工の収入が大幅に減額されたことから始まった。ただこの争議は、賃金引き下げに反対する争議ではなかった。

職工の収入の減少に対して、職工長・組長はひとまず昇給することを決定した。しかし、戦争前から職工長・組長の横暴な振舞いや不公平な取扱いに怒りを感じていた職工は、上記の昇給についても、気に入った職工から賄賂を受け取るなど「えこひいきの手段」をとったことから職工の怒りは爆発した。

この争議は、同年八月造兵部鍛冶《かじ》工場の職工数百人から始まり、弾丸工場、水雷仕上工場の職工三〇〇余人にまで広がった。さらに、これらの工場の争議を知ったほかの工場の職工も、常日頃《つねひごろ》職工長・組長の不公平な取扱いに不満を抱いていたため立ち上がった。

この争議は二週間におよんだが、最終的には技師・技手の懸命な説得によって終息した。職工側が説得に応じたのは、公平を期して昇給することの約束を取り付けたためであった。

この争議に一環してみられたのは、職工に対する監督者（職工長、組長）の不公平な処遇、賄賂を贈った職工の昇給額が大きいなど〝えこひいき〟に対する職工の怒りだった。

二つめの争議は、一九〇七（明治四〇）年に発生した川崎造船所（一八八六年川崎正蔵が開業）の木工による争議であった。

当時の川崎造船所の木工場では、三〇〇余人の建大工《たて》、船大工《ふな》が就労していた。また同造船所には一〇人の工場長がいたが、木工場の工場長M・Tはその中でも最も力があった。Mは、常に頑迷に自己の主張を押し通すアクの強さだけでなく、職工に対して金貸しと質屋を「商売」のように行なっていた。Mから金銭を借り入れる職工はもちろん、同人の機嫌をうかがう職工を、その技能の如何にかかわらず「上席」（史料上の用語）に引き上げ賃金を増額するなど〝えこひいき〟が常態化していた。

一九〇七年五月、木工場の職工六、七〇人が出入門を破って次々と外に出て、近くの堤防隧道《ずいどう》に集結した。そこに駆け付けた一人の技師に対して職工たちは、Mの「久しき間における不公平な取扱」への不満を述べ、同人の解職を要求した。さらにその日の夜、六、七人の「重立《おもだち》たる」木工がその技師の居宅を訪ね、さんざんMの解雇を迫った。

その翌日、木工場は事実上の同盟罷業の状態に入ったが、同日午後、主導者とみられる「重立たる」木工六人が解雇されて、この争議は終息した。木工にとって〝不正・不公平〟で〝公私混同〟の体制は温存された。

三つめの争議は、一九一三（大正二）年に発生した三菱長崎造船所の「鉄工」による争議である。鉄鋼船を建造するばあい、電気熔接法へ移行する以前のこの時期は、鋼材と鋼材の接合部分に丸い穴を空け（鉄工職のなかの穿孔《せんこう》職が担う）、その穴に炉で焼いた鉄の鋲《びょう》をリベット・ハンマーで打ち込み接合する（鉸鋲《こうびょう》職が担う）という方法がとられていた。

この争議は、造船工場の鉸鋲職職工約五〇〇人が立ち上がることによって発生した。

同年五月、これらの鋲鋲職職工らは小頭のT・Kの排斥を要求した。その理由は、Tの工事の配分が不公平で、当人が気に入った職工には工事が容易で、したがって鋲鋲数（「打上高《うちあげ》」）が多い所（たとえば船体の低い所）を割り当て、そうでない職工には「難工事にして利益少なき」所（たとえば船体の高い所で結果として鋲鋲数が少なくなる所）を割り当てるなど、鋲鋲職職工に対するTの差別的処遇があったからである。

前記約五〇〇人の鋲鋲職職工は、「公平にされる様嘆願する」ため、五月二五日から欠勤か早退した。これらの職工に対し「技工」が折衝にあたり、その結果二八日から全員が就業することになり、「無事落着」した。

史料の記述を読むかぎり、職工間の要求が実現したかどうかは、わからない。

ただ、同造船所の鉄工職に対する公平・公正な処遇をもとめる要求は広く存在していたようで、翌一四（大正三）年六月には、小頭A・Yの排斥をもとめて穿孔職職工約一四〇人が同盟罷業に入っている。

四　自己肯定感の低さと階層脱出意識

以上、職工の意識を規定するであろう、工場の労働環境と経営組織の未熟性についてみてきた。そこから職工のどのような意識が生み出されたのだろうか。

自己肯定感の低さ

一つは、卑下意識である。当時の少なからぬ史料文献は、職工がもつこの意識に言及している。ただし、ここでいう卑下意識とは、今日で言う自己肯定感の低さと同義である。

職工のこのような意識は、一つは工場内での苛酷な労働環境による〝死への恐怖〟から生まれた。当時の職工は働いて得た賃金の一部を貯蓄しようとする貯蓄心がほとんどなかった。このことと関連して、枡本卯平はこう述べている。

「工場内で働く人間は、大海で働く人間（漁師―注）よりも、いっそう危険な場合が多い。造船工場で働く職工は、特に毎日危険と労苦に襲われて、一身の安全は瞬秒《しゅんびょう》の先も保障されない。『明日の事は誰が受負ってくれるのか』。これが彼等の口癖である。死を眼前に見る彼等の心に貯蓄するための自制心を望むことはできない」

さらに続けて枡本は、次のように述べている。

「職工一般を通して貯蓄心が乏しい理由は、金に対する観念が粗雑だからでも、前途を遠く思う知力がないからでもなく、生に対する観念が強迫されているからである」

「死を眼前に見」ていること、「生に対する観念が強迫されている」こと、こうしたことが職工がみずからの労働（雇用労働）に自己肯定感を持てない理由だった。また、工場内の情実に満ちた人事は、その意識をいっそう強めた。職工のこうした意識は、工場を休んだり（高い欠勤率）、家庭内で不満をぶつけたり、外の飲食で金を使い果したり、そして時には争議で怒りをぶつけたりすることになった。

職工の自己肯定感の低さ、卑下意識について、政府（農商務省）の「工場調査要領」（一九〇三年）という報告書もこう記している。

「職工は自《みずか》らその地位を軽侮《けいぶ》（ばかにして見下げること―注）し自重（自愛―注）の観念に乏しい。そのため社会一般もまた職工を侮蔑《ぶべつ》する」

職工に対する社会の差別意識については後に述べることにするが、職工の卑下意識について枡本卯平もこう記している。

「職工が自発的に学習するうえで障碍となるのは、彼ら自身の心に潜《ひそ》む感情である。即ち、職工自身、その地位に満足せず、少なからぬ嫌悪の情があることである」

職工のこうした意識については、横山源之助もその著書のなかで記している。

「今日労働者が上役《うわやく》に頓首九拝《とんしゅきゅうはい》（上位の者にペコペコするという意味―注）し、技能の練磨に尽力せず、ただ胡魔化《ごまか》すことばかりに労を折るのは、結局勇肌《いさみはだ》を欠いているからである。職人肌が存在するならば、決して今日のようなイクジなしは無い」

横山はここで職工の卑下意識を「いくじ（意気地）なし」と捉え、それは「勇肌」（おとこだての気風）を欠いているからだとしている。

以上のような〝死への恐怖〟や不条理な工場組織への怒りは個人労働意識と相俟《あいま》って、職工の雇用労働に対する自己肯定感の低さ、卑下意識を生みだしたのである。

職工に対する差別意識

それでは、社会の方は職工をどのように見ていたのだろうか。端的に言えばそれは、職工に対する差別意識、蔑視《べっし》意識である。

社会のこの意識は、一つは近代になって突如現われた機械工場に対する驚きからくる不気味さや恐怖心から生まれた。枡本卯平はこう述べている。

「工場という所は見ようによっては、人間の行くべき所でないように受け取れる。職工は朝は暗い内から汚《きたな》い着物をきて、ぞろぞろと街道を歩いて出かけ、夕方はまた星の出る頃に、汚い着物の上に手も顔も真黒に油だらけにして帰って行く。外から工場を覗《のぞ》けば地獄もこんな所かと驚かれるほど（中略）全く恐ろしい別世界の観がある」

機械工場という人びとにとってはそれまで見たことも聞いたこともない建物が発する不気味さ、そこから出てくる油や媒《すす》にまみれた職工の姿に、人びとは強い違和感をいだいた。そういう恐ろしい所、そこから出てくる職工の異様な姿を人びとが感じ取っていたからこそ、「工場のある地方では、親達が子供に聞かせる制裁の言葉に、言うことを聞かないと工場の職工に出してしまうぞ。この一言《ひとこと》があった」と、枡本は述べている。

職工に対する社会の差別意識、蔑視意識を生みだしたもう一つの背景は、労働は個人が基本であるという価値観が社会的に広く共有されていたことである。江戸時代、働く多くの人びとの労働は個人労働

――そこに何がしかの搾取・収奪関係があったにせよ――だった。明治維新以降、近代に入っても、社会の個人労働意識、自営業意識はおおきく変化することはなかった。

既に述べたように、職工自身もそのような個人労働意識をもっていた。しかし社会の方には、「最も悲惨な境遇において他人に使用されるのを卑《いや》しむ風潮」（枡本の言葉）があった。油と媒《すす》にまみれた「悲惨」な職工が、恐ろしい工場で他人に「使用」されていること、これが、職工に対する社会の差別・蔑視意識を生み出すもう一つの要因になった。

職工の方も社会のこうした意識を感じ取っていた。宮地嘉六（一八八三年、佐賀県生まれ）は、一九〇〇（明治三三）年呉海軍工廠に入職したとき感じことを、自伝でこう記している。

「呉だけではなく、海軍都市ではなんといっても、海軍士官がピカ一で、士官といえば貴族扱いだった……一に士官、二に工廠技術者、三に御用商人、第四が水兵と職工ということになるが、職工よりも水兵の方がなぜか人気者だった」

こう指摘したうえで、宮地は続けて次のように述べている。

「水兵と互角であるべき職工は、なぜか心理的には水兵より侮辱されていた……職工というものは心理的に人気がなかった。市民の大半を占め、呉という都市の光景を象徴する菜葉《なっぱ》色の服は感じの上ではさげすまれる風があった。私自身菜葉服の職工であることがいつとはなく気のひける思いがした……職工を下等と見られている風があった。職工というものはどこへ行っても割の悪い存在である」

職工に対する社会の差別・蔑視意識は、一部の経営者、たとえば荘田平五郎《しょうだへいごろう》（一八四七年豊後《ぶんご》生まれ、三菱財閥の本社・三菱合資会社監事）がそうした風潮を批判していることからもわかる。荘田は、「東京経済雑誌」（明治大正期の経済誌、一八七九年一月創刊）の一九〇七（明治四〇）年三月号に掲載された論稿のなかで、「職工に対する社会の尊敬」の念が必要であるとし、次のように記している。

「予輩《よはい》（我々―注）は、職工若《も》しくは労働者の名称をもって侮蔑《ぶべつ》の別名とする悪風を改め、社会人士（世間の人びと―注）が大《おお》いに是等《これら》職工を敬愛することを望む」

以上述べたような職工に対する社会の意識が、職工の卑下意識、自己肯定感の低さをさらに増幅させることになったのである。

階層脱出意識

職工は、精神の内部で個人労働意識をもち、そのうえ工場の苛酷な環境や不条理な組織のために雇用労働に自己肯定感をもつことができなかった。そのうえ、個人労働を良しとする自営業中心の社会からは、差別・蔑視の念で見られた。

こうした精神的・社会的状況は、職工のもう一つの意識・階層脱出意識を生み出した。

事実、「鉄工事情」は次のように記している。

「鉄工業を終生（生涯―注）の業と決心する者は少ない。途中で倦厭《けんえん》（いやになること―注）し、あるいは多少の貯蓄をして廃業する者は少なくない」

また「鉄工事情」は、定年退職者、自己都合退職者、工場都合退職者に支給される給付金について、「職工で一旦《いったん》この金を得た時はすぐに職工の業を捨て、小商人となり小売店を出す者がいる」と述べている。また少し後のことになるが、各地の造船所職工に関する一調査報告書も、以下のように記している。「彼等は、造船職工であることを生涯の職業と捉え希望をもっているかと問えば、大多数の職工にとっては否《いな》と答えて間違いない……大多数の職工は、食を求めるのみの目的で職工生活を送っており、貯金ができ機会さえあれば足を洗って他の職業に移ろうとしている」

以上のような職工の転職意識は、個人労働意識がその基礎にあったため、いずれ独立してみずから経営者になるという階層脱出意識を意味していた。ただ、ここで言う経営者とはかならずしも工場経営者ばかりでなく、先の「小商人となり小売店を出す」という記述に示されているように、みずから経営するという意味での自営業も含まれている。

やや後半のことになるが、機械工場が集まる東京月島の学校男子生徒に対する将来の理想とする職業についての調査（調査人数六四七人）がある。それによれば、将来の理想とする職業は、「豪《えら》き人（軍人）」二六九人（全体の四二％）、「商業関係者」一四二人（二二％）、「工業関係者」一一九人（一八％）、「俸給生活者・知識階級」二五人（四％）の順となっている。「商業」の方が「工業」より多く、「商業」関係の経営者（自営業）になることが、軍人に次ぐ生徒の理想だった。「工業関係者」のなかには工場経営者や職人などを含んでいることを考えれば、職工（機械工）を将来の理想的職業と考える生徒はさらに少なかったとみられる。

調査した男子生徒の親がすべて職工だったとは言えないにしても、階層脱出意識をもつ職工にとって、自分の子供が同じ職業に就くことには当然否定的だった。実際、枡本卯平も、職工がみずからの子供の将来について次のように考えていることを明らかにしている。

「私は日々工場で同じ所で仕事をする職工等に、何《ど》うですか、造船所の学校（企業内養成施設―注）に子供を入れますかと訊《たず》ねてみると、とんでもない返事をしてきた。何《ど》う返事をしてきたかといえば、真平《まっぴら》ですよ、学校の月謝は只《ただ》でも、お断りです。職工は自分一代で沢山《たくさん》です。何かの罰でもなかったら、職工なんかになりはしなかったでしょう。乞食をしても子供だけは職工にしたくありません。こういう返事であった」

このように、職工の階層脱出意識は、その職業の再生産を阻むほどのものだった。

それでは、以上述べてきた職工の相互に関連する三つの意識、個人労働意識、卑下意識、階層脱出意識は、どのように克服されていったのだろうか。別の言い方をすれば、職工はどのような形で、雇用労働にプライドをもち雇用関係に入ること良しとする意識に変化していったのだろうか。

五　友愛会

友愛会の組織と会員

職工の意識に変化をもたらしたのは、友愛会だった。

一九一二（大正元）年八月、鈴木文治らによって労働団体・友愛会が設立された。鈴木は一八八五（明治一八）年宮城県の酒造家の長男として生まれ、東京帝国大学法科大学入学後、吉野作造《よしのさくぞう》（一八七八年宮城県生まれ、東京帝大卒、キリスト教徒）や海老名弾正《えびなだんじょう》（一八五六年筑後生まれ、同志社卒、牧師）らの影響を受けてキリスト教に入信。キリスト教の社会事業に携わるなかで友愛会を結成した。

友愛会の本部は、会長は鈴木文治、顧問三名、評議員二〇名で構成された。友愛会の綱領は以下のとおりである。

「一、我等は公共の理想に従い、識見の開発、徳性の涵養、技術の進歩を図らんことを期す。二、我等は共同の力に依り、着実なる方法を以て、我等の地位の改善を図らんことを期す。三、我等は互いに新睦し、一致協力し、相愛扶助の目的を貫徹せんことを期す。（以下略）」

この綱領にみられるように友愛会は、会員の知性、徳性、技能の向上をとおして社会的地位の改善をはかる労働団体だった。

会員は、正会員（満一八歳以上の男性労働者）、準会員（満一五歳以上の女性労働者）、賛助会員、特別賛助会員、名誉会員で構成された。ただし、一九一六（大正五）年友愛会に婦人部が設置されるとともに、準会員は正会員になった。会費は正会員、準会員とも一カ月一〇銭、賛助会員は二〇銭だった。

一方、会員数も急速に増加していった。一九一四（大正三）年一〇月、三五〇〇人だった会員数は、一五（大正四）年一月四〇〇〇人、同年六月六五〇〇人、一六（大正五）年一月一万一〇〇人、一七（大正六）年四月二万二九〇人と増加した。

こうした会員増加の中心は機械工（鉄工）などの男性職工だった。

友愛会は創立の年の一一月、機関紙として「友愛新報」を創刊したが、一四（大正三）年一一月その後継誌として「労働及産業」を月刊誌として刊行することとなった。発行部数は同月号三〇〇〇部、翌一五（大正四）年一一月号は九〇〇〇部に増加した。

友愛会は労働団体として出発したが、一九一九（大正八）年八月、創立七周年大会で会名を大日本労働総盟友愛会に改め、労働組合としての立場を確立した（その後二一年一〇月、日本労働総同盟となる）。そこで次に、「労働及産業（以下「労・産」と記す）の記事内容を鈴木文治の主張を中心にかいつまんで紹介し、友愛会の主張と職工論、そしてそれが次第に労働組合的内容にいかに変化していくかを述べることにしたい。

友愛会の主張―職工論

友愛会の主張は、一九一六（大正五）年の前と後では重要な変化をみせている（以下、友愛会の「前期」、「後期」と記す）。

「前期」、この時期に鈴木文治が日本の労働者の特徴について記した論考がある（「労・産」大正三年一二月号）。そのなかで鈴木は、日本の労働者の短所として、自分が従事する労働へのアイデンティティーがないことを指摘している。

「自分の職業を貴《とうと》いものと思って、真面目に熱心に其の職業に従事して居るものが誠《まこと》に少ない。従って非常に飽《あ》きやすい」

したがって鈴木は、労働者には向上心が欠如しているとしてこう述べている。

「向上心が甚《はなは》だ乏しい。日本の労働者の殆《ほと》んどいずれもが、現在の境遇に満足していないにもかかわらず、之《これ》を切り開いて立身出世しようとする者が少ないことに驚かざるをえない。自ら進んで……技能の進歩や精神の修養を志《こころざ》す者は極めて稀《まれ》であって、休養などには殆《ほと》んど脱兎《だっと》の勢いで娯楽に突進する」

このことと関連して鈴木は、道楽にはまっていることを、労働者のもう一つの短所として指摘する。

「旧来の悪習慣が容易に抜けない……旧来の悪習慣とは即ち呑《の》む、賭《う》つ、買うの三道楽である。それで身を持ち崩す者が多い。身の健康を害し、信用を落とし、立派な技能を持ちながら殆んど乞食同様に成り下《さ》がる者が無いではない。この飲酒、賭博、女色の三道楽のために、多くは不当な高利の金を借りて、一生涯首の廻《まわ》らないような境遇に陥《おちい》る者もいる」

以上の鈴木が指摘する労働者の短所は、近代の労働すなわち雇用関係のもとでの機械制労働に対する自己肯定感がなく（卑下意識）、それが自暴自棄となり、無軌道な道楽に走るという行為を生んでいることを示している。

しかし鈴木は、労働者のこうした短所は労働者個人の問題ではなく、社会の問題として捉える必要性を強調している。鈴木は別の論考（「労・産」大正三年一一月号）で次のように述べている。

「労働者であることの苦痛は、たんに生計上の苦痛だけではない。さらにこれに劣らない苦痛は、精神上の苦痛である。それは、ほかでもない労働者に対する一般社会の侮辱である。日本で『労働者』という言葉は、決して敬意を含んだ言葉ではない。『労働者の癖《くせ》に』、『労働者風情《ふぜい》が』、『何《ど》うせ職工だもの』とは二言《ふたこと》目に出る言葉である。まるで労働者は義理も人情を知らず、血も涙もなく、知恵も学問もなく、品性も最も劣等な人間外の別物であるかのように考えられている……私は我が社会一般が、もう少し労働者の勤労に対して感謝する態度を示すことを望む」

社会から承認されるどころか、逆に軽蔑されている近代の雇用労働に、労働者がアイデンティティーや向上心を持てるはずがない。したがって、鈴木は上記の文章につづけて、「彼等は常に、如何《いか》に早く労働者の足を洗って他に転ずるかに腐《ふ》心している」と述べ、労働者の階層脱出意識を指摘する

以上のような職工と社会に対する認識をふまえたうえで、鈴木は社会に対して二つのメッセージを発している。一つは、労働者も「日本帝国の臣民《しんみん》である」という主張である。

「明治大正に進んだ今日においても、労働を卑しみ労働者を賤《いや》しむ弊風が依然社会に存在する……しかし、労働者といえども日本帝国の臣民である。国を憂《うれ》い国を愛する精神に至っては、人後に落ちないのであります」（「労・産」大正四年七月号）

もう一つは、労働者の労働は「国力の基礎」であり「産業発達の主要素」であるという指摘である。

「大工場においても労働者を卑しむものは、国民の然らしむところである……この状態を改善することができなければ、我国は到底、世界の列強と対峙《たいじ》して永く国威を発揚することはできないと思う。なぜなら、国力の基礎は産業の発達にあり、産業発達の主要素は、優良なる労働者の労働能力に帰せざるをえないからである」（「労・産」大正四年一一月号）

以上のように鈴木は、労働者に対する蔑視・差別意識について社会に警鐘を鳴らすとともに、他方であわせて労働者自身にも自己改造を求める。

「(労働者のさまざまな非行が—注」) 我が労働社会に横行する以上、容易なことで我等労働者の地位が向上するものではない。我等はまずこれら無頼の徒《と》に正義の鉄槌を下《くだ》してこれを一掃し、そして我等は知恵と道徳と技術と弁舌とをウント修練して、一個の品性ある技術家、否、技術ある紳士にならなければならない。労働問題は労働者自身の内部から解決していかなければならない」(「産・労」大正四年三月号)

以上、鈴木の社会批判論と労働者の自己改造論の二つを紹介してきた。ただ、友愛会「前期」の主張は、鈴木と同じような社会批判を説くものは少なく、自己改造論を説くものが多かった。その自己改造論の中心は、労働者の卑下意識を克服せよという主張だった。一例を示せば、友愛会のある支部の幹事長はこう述べている。

「労働者が悲惨な境遇にあったという事は、だれも認めて疑わないところであります。しかし、この悲惨な状態にて惨《みじ》めな生涯を送らなければならないという原因は幾つもありましょうが、私の考えによれば労働者の罪もある……労働者の罪とはどんなものかと言えば、労働者に意気地《いくじ》がなかったことである。意気地がなかったために、一般の労働者は精神上苛《いじ》め付けられてきたために、精神が委縮し人間並の事が考え出せなかったのであります……一般の労働者は自ら卑《いや》しんで怪《あや》しまないという事実があったことは、我々においても認めなければならない」(「労・産」大正四年七月号)

友愛会の主張―労働組合論

以上述べた職工論を中心とした友愛会の主張は、「後期」になると重要な変化をみせるようになる。一九一六（大正五）年に入ると、鈴木文治は労働者の団結の必要性を説くようになる。「労働者の実力は個人としては知力、体力、品性、道徳の力であるが、階級全体としては即ち団結ということである。団結は偉大なる勢力である。今日は資本主義の時代であると思う。大資本を有する者が事業上の勝利を収める時代である。吾等《われら》労働者は茲《ここ》に多数団結してその共通の利益・幸福を増進させることが、今日の時勢に最も相応《ふさわ》しいやり方である。労働者の自覚とは第一にまず個人としての自覚である。第二に階級としての自覚を持たねばならない。労働者は一《ひとつ》の階級としての利害を持っている。労働者は個人としての修養を怠らないと共に団体としての実力を貯えることが必要である」（「労・産」大正五年四月号）

ここで鈴木は、初めて団結、階級、資本主義という言葉を使用し、労働に自己修養（「前期」の自己改造）と階級としての自覚の二つをもとめている。

他方、鈴木は資本家に対しても幾つかにわたって自覚をもとめている（「労・産」大正五年五月号）。まずそのうちの一つは、「労働者の人格を尊重せよ」という要求である。「前期」において鈴木は、労働者に対する人格否定、蔑視・差別意意の問題を社会の問題として捉えていたが、「後期」になるとこれを経営者側の問題として説くようになる。

ただし、経営者側へのそうした要求は、中間に位置する監督者に適正・適格な人物を選出せよという要求とふかく結びついていた。

鈴木が資本家にもとめる三つめの要求は、「労働者の結合を承認せよ」という要求である。「労働者の団体的運動は今や実に世界的」であり、「労働者の結合」によって労働者に「自重自尊の観念」（自己肯定感）が生まれれば、「それだけ産業も進歩し、国家社会も発達する」と鈴木は主張する。

これは事実上、労働組合承認の要求である。

実際、鈴木は上記の論考を発表したあと、労働組合という表現を明確に打ち出した「労働組合の価値及効用」という標題の論考を公表している（「労・産」大正五年七月号）。

その論考において鈴木は、労働組合の目的は「労働者共通の利益、幸福を進め、その境遇の改善を図り、その地位の向上を求めることにある」と規定している。ただ、鈴木が言うこの労働組合の目的の根底にある思想は、「近代の一大思潮ともいうべき人類平等の思想に根ざす」と記していることからもわかるように、人類・人間はすべて平等であるというヒューマニズムの精神だった。

労働組合の目的を以上のように捉えたうえで、鈴木は労働組合の「効用」を多岐にわたって論じている。ただ、これまでの議論との関係で重要な「効用」は、労働組合は労働者の「道徳品性を高める」としていることである。

「労働組合の特色として、自治、自助をもって組織するが故に、自尊自重の念が生まれ、組合員相互に相戒飭《かいちょく》（「戒めてつつしませること」の意味―注）して、自暴、自棄、自堕落の徒を減少させることになる。例えば賭博、買淫、飲酒の悪習を絶つことになる。これがその著しい例である」「前期」の自己改造論は、ここでは労働組合の組織化それ自体が、労働者の自己改造を促すとされている。

鈴木のこうした労働組合論は、その後さらに進んで〝労働組合主義〟にまで発展する。

「私は以前、労働組合を着実穏健な労働団体と言った。着実穏健な労働団体とは、労働組合主義に基く労働団体のことを言う。労働組合主義の労働団体は、社会政策を実行する一つの方法であって、国家の存在を是認することはもちろん、資本（主義）制度そのものにも反対しない。ただ、これらより生ずる弊害を取り除き、少数者の幸福のために多数者を犠牲にする罪悪を矯正しようとする。我が友愛会は徒《いたずら》に欧米風の階級闘争の手段に訴える悪習に感染することはない」（「労・産」大正六年一一月号）

以上のように、友愛会「後期」の鈴木の主張は、それまでのように労働者の自己修養を説きつつも、労働者に対しては階級的な自覚を促し、資本家に対しては労働者の人格の尊重、中間監督者の適正な選出、労働組合の承認を要求し、最終的には社会改良の手段としての〝労働組合主義〟を提唱するようになった。

友愛会の機関誌「労・産」は一九一六（大正五）年から会員の投書欄を設けるようになった。鈴木の上述のような主張は投書欄に寄せられた会員の「声」からも、うかがい知ることができる。

会員の「声」でまず第一に注目されるのは、〝労働者であることを誇りに思う〟という主張である。

「吾輩は天下の工業家である。たとえ自分の素養は小規模で、自分の人格はまだまだ不完備なものであっても、吾輩は、自分から自分を『天下の工業家』と呼ぶことに躊躇しない。その意味で吾輩は、『あー職工ほどつまらない者はない』と死語を言っているような、そんな自信のない奴《やつ》らを頭から罵倒するものである。一般の悪傾向というべき……職工という立場を忘れる労働厭悪主義、即ち機会があれば労働界から脱出しようと試みている、そう考えている無理解な職工、下《くだ》らない職工をあくまで排斥する」(「労・産」大正五年四月号)

ここでは、みずからを「天下の工業家」と呼び、自己の労働を卑下し、機会があればその労働社会から脱出しようとする職工を激しい言葉で非難している。

会員の「声」で二つめに注目されるのは、上記のことと関連するが、職工は奴隷とは異なり給与を受け取る喜びのある〝天職〟だという主張である。

「予《よ》(私)は職工である。職工は余の天職である。だから予は、労働をもって無上の快楽とするものである。世間は職工といえば憐れな無知な人間のように見做《みな》し……これはそもそも誤りである。人間の仕事は千差万別であるが、余の才は職工に適するから職工として働いているのである。職工は工場の奴隷であると予は数々耳にするけれども、予は決して奴隷ではない。予は報酬を得るために働き、工場側は金でもって予の労に報《むく》いるだけである」(「労・産」大正六年四月号)

会員の「声」で三つめに注目されるのは、労働組合の必要性を説く主張である。

「僕は労働者で沢山《たくさん》だ。資本家、工場主になろうと思ったところで、今の社会は生まれながら巨万の富を有する者でなければ工場主には成れないように仕組《しく》まれている。それに僕は労働が如何《いか》に貴重な生き甲斐《がい》のある仕事であるかを余《あま》りに知り過ぎている……僕は労働者で満足である。ただ僕の希望は未だ自覚せざる同胞の覚醒を促し、僕ら階級の代表者として社会に向かって権利を主張したい。同時に、我国で初めての強固な労働組合の建設者になりたい」（「労・産」大正七年三月号）

以上紹介したように、友愛会「後期」の労働者意識は、労働者としての自己肯定感（卑下意識からの脱却）、労働者からの階層脱出意識批判から階級としての自覚（団結）、労働組合設立論へと発展していった。

ただし、「後期」友愛会の階級論は、マルクス主義が説く「階級関係」としての階級ではなく、雇用関係を受け入れそのもとでの労働を「天職」と捉える一種の職業意識にもとづくものだった。

「後期」友愛会における鈴木文治の主張や会員職工の上記のような労働者意識が、日本で最初の本格的な労働組合、大日本労働総同盟友愛会（一九一九年設立、その後二一年日本労働総同盟と改称）を誕生させたのである。

六　機械工の意識が意味すること

以上述べてきたことをまとめれば、資本主義成立期の機械工の意識は、マルクス主義が説くような「生産過程」で組織性と規律性を身につけた労働者階級の階級意識ではなかった。また、資本―賃労働関係の成立という理論的な規定から導き出される、資本（家）に対する対立意識でも資本（家）によって支配されているという被支配意識でもなかった。

機械工の意識は、雇用労働それも機械制工業下のそれに自己肯定感をもてず、機会さえあればそこから脱け出そうとする階層脱出意識をつよく帯びたものだった。それはおおきく言えば、江戸時代以来続いてきた自営業、個人労働を良しとする当時の社会的規範に規定されたものだった。

「生産過程」とのかかわりで言えば、機械工のそうした意識を規定したのは、「生産過程」を取り巻く工場内環境やそれを運営する経営組織の未熟性、不条理性だった。これまでのマルクス主義は、この工場内の環境と組織の問題に対する認識が決定的に欠落していた。

こうした機械工の意識がおおきく変化したのは、「後期」友愛会の主張にみられるように、第一次世界大戦中・後のことだった。この時期の急速な社会経済情勢の変化（機械工業の急成長、機械工需要の急速な拡大、機械工に対する社会的評価の高まり）、大戦中もっとも必要とされる工業の先端に存在するという機械工のプライド意識の形成、こうしたことが機械工の「雇用関係」意識を育成し、それを自己の精神に内面化する契機となった。

産業革命による機械工業の成立と機械工の価値意識の不適合が解消するのは、第一次世界大戦後半期のことだった。従来のマルクス主義では、この時期は重化学工業発展による「独占資本」の成立期として捉えられてきた。しかし、資本主義のもっとも基本的な「雇用関係」をこの時期に受容した機械工の意識をふまえれば、このような「発展段階」論はほとんど意味をもたない。

従来のマルクス主義はこれまで述べてきたように、第一次大戦前＝産業革命期における機械工の階級的成長を説く一方、繊維工業などと比較したばあいの機械工業発達の著しい遅れを指摘してきた。それは、前掲表1の産業別職工数に示されているように事実である。ただ、従来のマルクス主義ではこの機械工業の発達の遅れは、技術とその開発の遅れを規定した日本資本主義の「半封建制」や「後進性」と結びつけて論じられてきた。

しかしこれまで述べてきたことをふまえれば、機械工業発達の遅れはそれを担う人間の意識（機械工の階層脱出意識）の問題から捉える必要がある。明治政府の調査報告書「鉄工事情」は、「鉄工」（機械工）という職業を「終生の業《しごと》と為すことを決心する者が少ない」とし、「本邦鉄工中技術優秀の者が少なく、精巧な機械を製作することができない一大原因はここにある」と記している。明治政府は機械工業発達の遅れを、まさに機械工の職業意識の問題として捉えていたのである。

日本経済の歴史の裏側

第5章 エネルギー産業――石炭と「納屋制度」

一 石炭の市場と生産と鉱夫

石炭市場

序章で述べたように、これまでの日本資本主義成立史の研究はマルクス主義の理論を前提にしていたために、研究対象の産業は製糸・紡績業や機械工業などに限られていた。そのため、そもそもそれらの産業を動かすエネルギーはどのようにして作られたのか、この点についての関心は欠落してしまった。

もちろんこれまでの研究でも、エネルギー産業としての石炭鉱業について言及がなかったわけではない。ただ、そのばあいでも、財閥の事業部門としての石炭鉱業、あるいは日本資本主義の「半封建制」を示すものとしての「納屋制度」といった指摘にとどまっていた。しかし、産業の発展を根本のところで支えるエネルギー産業という認識がなかったため、石炭鉱業の本格的な研究は、マルクス主義ではない経済史学のなかから生まれることになった。

上述のような事情のため、日本資本主義成立期の石炭市場はどのようなものだったのかは、なかなか

表４　石炭市場の推移

年次	輸出（A）	国内消費（B）	（B）の内工場用炭（C）	（C）／（B）
	千トン	千トン	千トン	％
1890	1,224（45.9％）	1,442（54.1％）	427	29.6
1900	3,376（39.1）	5,262（60.9）	2,653	50.4
1910	4,198（31.3）	9,211（68.7）	4,776	51.9

出典：荻野嘉弘『筑豊炭鉱労資関係史』より作成
注：(A)（B）の％は消費総額に占める割合

掴《つか》めなかった。表４に拠りながら石炭市場の動向をみることにしたい。

まず輸出と国内消費を比べると、一八九〇（明治二三）年時点では輸出は四六％、国内消費は五四％で、輸出がかなり高い比率を占めている。しかし、その後の資本主義の成立過程で国内消費の割合が増加し、一九〇〇（明治三三）年には輸出を上回り、一〇（明治四三）年には七割近くにおよんでいる。

国内消費は、大まかにみて工場用、船舶用、鉄道用、製塩用に分けられる。一八九〇年時点では工場用は国内消費の三〇％ほどで、表には示さなかったが、製塩用（国内消費の三三％）、船舶用（同三一％）よりも低かった。しかし、国内消費に占める工場用の割合は急速に増大し、一九〇〇年、一〇年には五〇％を超えている。

以上のように、石炭市場における輸出比の減少と国内消費比の増加は、工場用炭の需要の拡大によってもたらされた。

石炭の生産

こうした市場の展開は、言うまでもなく石炭の増産によって支えられていた。全国の石炭生産量は、一八八五（明治一七）年の一三〇万四千トンから九〇（明治二三）年の二六二万九千トン、一九〇〇（明治三三）年の七四八万九千トン、一〇（明治四三）年の一五六八万一千トンと急速に増大した。一八八五年の生産量を基準とすると、九〇年はその二倍、一九〇〇年は五・七倍、一〇年は一二倍という増大ぶりだった。

こうした石炭産業の発展を担った地域は、三池（福岡県大牟田）、長崎県（西彼杵）、佐賀県（唐津）、筑豊、山口県（宇部）、常磐（福島南部、茨城県北部）、北海道の七つの炭田だった。なかでも筑豊と北海道の二つの炭田が石炭鉱業の中心地である。この二つの炭田の石炭生産量と全国生産量に占める割合を示せば、以下のとおりである。

一八九〇年―筑豊七二万九千トン（二八％）、北海道一八万八千トン（七％）、一九〇〇年―筑豊四〇七万二千トン（五四％）、北海道六六万〇千トン（九％）、一九一〇年―筑豊八七九万四千トン（五六％）、北海道一五九万二千トン（一〇％）、一九二〇年―筑豊一一六九万〇千トン（四〇％）、北海道四五一万〇千トン（一五％）

このように一八九〇年の時点では、筑豊と北海道の生産量は合わせても全国の三五％に過ぎなかったが、その後の推移は異なっている。すなわち、筑豊の生産量が北海道のそれを上回っている点では九〇年と同じだが、一九〇〇年、一〇年には筑豊の生産量が大きく伸びて全国の五五％前後を占めるようになる。これに対して北海道は、生産量は同じように伸びているものの、対全国比は一〇％以下である。北海道の生産量の対全国比が伸びるのは一九一〇年以降で、二〇年には一五％に達している。その結果、筑豊の生産量は伸び続けているものの、二〇年の対全国比は四〇％に低下している。

以上のようにみると、資本主義成立期の石炭鉱業の中心を担ったのは筑豊であり、北海道の石炭鉱業は、その後第一次世界大戦期に筑豊を追うような形で発展していったといえよう。

筑豊の炭鉱企業

一八九〇年前後から一九〇〇年代にかけて、筑豊では多くの炭鉱企業が誕生した。それは地場資本系と財閥系に分けることができる。

地場資本系の炭鉱企業は、安川敬一郎（一八四九年、福岡県生まれ）が設立した明治鉱業、貝島太助が設立した貝島炭鉱、麻生太吉（一八五七年、福岡県生まれ）が設立した麻生商店（後、麻生鉱業）、伊藤伝右衛門が設立した大正鉱業、中島徳松が設立した中島鉱業などである。

一方、財閥系炭鉱企業としてはまず、三菱が一八八九（明治二二）年に開設した新入《しんにゅう》、鯰田《なまずだ》炭鉱、九四、九五（明治二七、八年）に開設した方城《ほうじょう》上山田炭鉱がある。八六（明治一九）年三菱商会から三菱社へ、九三（明治二六）年さらに三菱合資会社へと改組した三菱は、事業展開の一つとして石炭鉱業を重視し、このような炭鉱企業の開設となった。

三井も、九六（明治二九）年山野《やまの》炭鉱を開設し、さらに一九〇〇（明治三三）年には田川炭鉱、〇七（明治四〇）年には本洞炭鉱を開設した。三井は、九二（明治二五）年三井鉱山合資会社（一九一一年株式会社へ改組）を設立しており、このような炭鉱企業の開設となった。

一八九〇年代以降炭鉱を含めて事業の多角化をはかった住友は、九四（明治二七）年忠隈《ただくま》炭鉱を開設した。

明治初期（一八七〇年代・八〇年代）の筑豊は、零細炭鉱がひしめいていた。上述のような地場資本系・財閥系炭鉱の開設は、それまでにはなかった大炭鉱の出現だった。ただ生産量でみるかぎり、財閥系炭鉱の方が地場資本系よりも大規模だった。実際、一八九八（明治三一）年の三菱系の新入、鯰田炭鉱と貝島系の菅牟田《すがむた》、大之浦《おおのうら》炭鉱の生産額は、一七万三千トン（新入）、一七万〇千トン（鯰田）、九万七千トン（菅牟田）、八万五千トン（大之浦）で、前者の生産額の方が後者より一・八倍から二倍ほど多い。

鉱夫数と男女別構成

それでは、こうした石炭の生産を担った鉱夫はどれほどいたのだろうか。筑豊を含めて炭田別に鉱夫数が分かる史料は存在しない。分かるのは全国の鉱夫数である。

全国の鉱夫数は、一九〇〇（明治三三）年七万一千人、〇五（明治三八）年八万〇千人、一〇（明治四三）年一三万七千人、一五（大正四）年一八万〇千人、二〇（大正九）年三四万三千人と増加した。この鉱夫数は当時の機械工場の職工数（一九〇〇年九千人、〇五年五万〇千人、一〇年五万五千人、一五年一〇万五千人、一九年二二万六千人）を大きく上回っている。

鉱夫のなかには女性（女鉱夫）もいた。女鉱夫の人数が分かるようになるのは、一九一四（大正三）年以降のことである。その人数と全鉱夫に占める割合は、一四年五万一千人、二七・五%、一八年八万〇千人、二八・〇％、二〇年九万五千人、二七・七％で、全鉱夫の二八％ほどが女性だった。後述するように、資本主義成立期も女鉱夫の割合は同水準だった。

鉱夫は、採炭夫など坑内で就労する坑内夫と選炭夫（不純物を取り除く鉱夫）など坑外で就労する坑外夫に分けられる。女鉱夫はその双方で就労していた。まず坑内の女鉱夫の人数と坑内夫全体に占める割合は、一四年三万七千人、二六・四％、一八年五万八千人、二七・三％、二〇年六万六千人、二六・六％で、女鉱夫は坑内夫の二六、七％を占めていた。また、坑外の女鉱夫の人数と坑外夫全体に占める割合は、一四年一万四千人、三〇・六％、一八年二万二千人、二九・七％、二〇年二万八千人、三〇・六％で、坑外夫のほぼ三〇％を女鉱夫が占めていた。

このように、炭鉱の坑内でも坑外でも女鉱夫はかなりの割合で就労していたのである。ただ、実数では坑外よりも坑内の女鉱夫の方が圧倒的に多く、女鉱夫全体の七〇—七三％を占めている。

炭田・職種別の男女構成

前述したように、炭田別の鉱夫数は分からないため上記の女鉱夫数の炭田別内訳は知ることはできない。ただ、女鉱夫に着目したばあい、炭田によってその数と比率は相当異なっている。

資本主義成立期の筑豊（二五炭鉱）と北海道（六炭鉱）の鉱夫の職種別男女構成を示したものが表5である。まず筑豊をみると、全鉱夫中女性の割合は二六％である。その七割は採炭夫であり、採炭夫全体に占める女性の割合は三二％におよんでいる。採炭夫に次いで女性が多いのは選炭夫で、女鉱夫全体

表5　筑豊・北海道炭田の鉱夫構成（1906年）

	採炭夫	その他坑内夫	選炭夫	その他坑外夫	合計
	人	人	人	人	人
筑豊　男	17,570	6,327	985	8,363	33,155
女（a）	8,316	809	2,115	671	11,911
幼	115	1	72	16	204
計（b）	26,001	7,047	3,172	9,050	45,270
	%	%	%	%	%
（a）／（b）	32.0	11.5	66.7	7.4	26.3
	人	人	人	人	人
北海道　男	3,076	3,378	1,074	1,718	9,246
女（c）	—	—	1,293	91	1,384
幼	—	—	29	93	122
計（d）	3,076	3,378	2,396	1,902	10,752
	%	%	%	%	%
（c）／（d）	0.0	0.0	54.0	4.8	12.9

出典：表4と同じ
　注：幼は幼年者

の一八％を占め、選炭夫全体のなかで六七％と多数を占めている。

　これに対して北海道は、全鉱夫に占める女性の割合に一三％と低い。その理由は採炭夫はすべて男性で、女性がまったくいないことによる。女性のほとんどは選炭夫であり、選炭夫全体の五四％を占めている。

　このようにみると、筑豊と北海道とでは、女鉱夫の比率も職種別のその比率も相当異なっていた。筑豊では採炭部門で女性が重要な役割をはたしており、北海道では女性はまったく関与していなかった。筑豊と北海道で共通しているのは、選炭夫として女性が多数使用されていることである。筑豊と北海道の女鉱夫の比率の差は、採炭部門を女性が担ったかどうかの違いである。

この違いは、後述するように、採炭方法の違いにもとづいている。

二　産業革命と「納屋制度」

石炭鉱業の産業革命

前述したような筑豊における大規模炭鉱の開設は、石炭鉱業の産業革命を示すものだった。地中の深い所まで掘り進め大規模に採炭するためには、大量の湧水と石炭運搬距離の延長にどう対処するかが課題である。この課題を解決したのが、蒸気を利用した排水ポンプと主要坑道への捲揚《まきあげ》機の導入だった。排水ポンプと捲揚機は、一八九〇年代に主要な炭鉱に普及していった。石炭鉱業における石炭の採掘と運搬というもっとも重要な過程のうち運搬過程が機械化されたことが、石炭鉱業における産業革命の特徴である。

というのも、採炭過程は依然、鶴嘴《つるはし》や背負《せおい》籠《かご》などの道具を用いた手労働に依存していたからである。この採炭現場でとられていたのが、残柱《ざんちゅう》式採炭法とよばれる採炭方法だった。

残柱式採炭法は、炭層の傾斜する方向に本卸《ほんおろし》坑道を掘削し、これと直交する形で片盤《かたばん》坑道（曲片《かねかた》）を掘進し、坑道保護（落盤防止）のために一〇間（一八メートル）角の炭柱を残して、碁盤の目のように一～二間（約二～三メートル）幅の切羽《きりは》（採炭現場）をつけて採炭する方法である。

そして各切羽では、採炭夫の先山《さきやま》（男性）が鶴嘴で石炭を掘りくずし、後山《あとやま》（女性）がこれを炭車まで運び出すという手労働が一般的だった。すなわち、後山は先山が掘り出した石炭を、厚層においては五〇斤《きん》から一〇〇斤（一斤＝約六〇〇グラム）入りの籠に入れ二個を天秤棒《てんびん》にかけて坑道までかつぎ出し、薄層においては一〇〇斤ないし二〇〇斤入りの竹籠あるいは橇《すら》（運搬箱）を用いて坑道まで押し出すという重筋労働に従事した。

以上のように、石炭鉱業における産業革命は、地中深い所での大規模な採炭を可能にした湧水対策と運搬過程の機械化にあったが、採炭過程の重筋労働を変えるまでには至らなかった。

「納屋制度」

こうした採炭過程の手労働は、主要坑道（運搬過程）の機械化がすすめばすすむほど採炭労働が強化されるという問題を生み出した。また深部での採炭は、常に危険をともなうものだった。こうした過酷な採炭労働を統轄する組織として、「納屋制度」が誕生した。

「納屋制度」とは、納屋頭がみずから募集した鉱夫を納屋に住まわせ、その日常生活を管理・監督しつつ、作業の割当や坑内への鉱夫の繰込《くりこ》み、坑内巡回など作業の指揮監督をおこなうというものである。ただ、納屋頭には、経営者と契約し採炭事業そのものを請負う者から納屋の経営に重点をおく者までさまざまな者がいた。前者の作業請負をおこなうものを「頭領《とうりよう》制度」と呼び、納屋経営のみをおこなうものを「世話方《せわかた》制度」と呼び、これらを「納屋制度」と区別する見方もある。

いずれにせよ、運搬過程の機械化が要請する採炭労働の強化は、「納屋制度」によって支えられていたのである。

専業鉱夫・家族持ち鉱夫

運搬過程の機械化によって鉱夫の構成にも大きな変化が生じた。それまでの鉱夫の多くは、農村からの農閑期の出稼鉱夫や炭鉱周辺からの通勤鉱夫など「半農的鉱夫」だった。こうした「半農的鉱夫」への依存は、炭鉱の操業に季節的な変動をもたらし、操業を不安定なものにしていた。こうした操業の不安定性は、運搬過程が要請する出炭の計画性に適合的ではなかった。

こうした事情と、先山・後山という採炭夫編成の必要性から、各炭鉱とも専業鉱夫とくに家族持ち鉱夫の募集を重視するようになった。事実、一九〇六（明治三九）年ころの三井田川炭鉱の募集方針には、「稼働に便利なのは、夫婦と十二、三才の小供の三人で、その外《ほか》に老人の飯焚《めしたき》一人いるような者を第一とす」と記されている。荻野喜弘氏が表で示した一〇人の鉱夫の入職経緯のうち、四人について文章に書き起こして紹介したい。

一八八一（明治一四）年生まれで大分県出身の柳助蔵は農業を営んでいたが、石炭鉱業が有望であると判断し、二五歳のとき（一九〇六年）夫婦で田川炭鉱に入職した。

一八六五（慶応元）年生まれで福岡県出身の堀江幸吉は農業を営んでいたが、石炭鉱業を有望視し、四〇歳のとき（一九〇五年）夫婦とも採炭夫として同鉱に入職した。

一八七六（明治九）年生まれで大分県出身の吉田磯治は薬売りの行商をおこなっていたが、商売がうまくいかず、二九歳のとき（一九〇五年）夫婦で採炭夫として同鉱に入職した。

一八六〇（万延元）年生まれで広島県出身の谷口市太郎は木炭の製造をおこなっていたが、その家業がうまくいかず、四五歳のとき（一九〇五年）一家を挙げて同鉱に入職し、採炭夫になった。

以上のような、夫婦ともども炭鉱に入職し、採炭夫（先山の夫、後山の妻）になるという事情と、炭鉱側の家族持ち鉱夫を優先的に採用するという方針とがあいまって、家族持ち鉱夫の割合は増加した。一九〇三（明治三六）年の明治炭鉱では全鉱夫の五一％、採炭夫の六〇％が家族持ち鉱夫だった。一九〇六（明治三九）年の二瀬《ふたせ》炭鉱でも全鉱夫の七三％が家族持ち鉱夫だった。

こうした家族持ち鉱夫の増加は、鉱夫中に占める女性（女鉱夫）比率の上昇からも知ることができる。三菱新入炭鉱のばあい、一八九四（明治二七）年は女鉱夫は二〇〇人、鉱夫全体（一四〇〇人）の一四％だったのに対し、一九一二（大正元）年には女鉱夫は一五七二人、鉱夫全体（五五〇九人）の二九％を占めるようになった。また三菱鯰田炭鉱のばあいも女鉱夫は、一八九四年の三四二人、全鉱夫（一三五二人）の二五％から一九〇八（明治四一）年の七二八人、全鉱夫（二二〇八人）の三三％へと増加した。

家族持ち鉱夫の増加は、当然鉱夫の配偶関係にも示されている。一九一〇（明治四三）年ころの筑豊の鉱夫六万三六六八人のうち有配偶者は四万一五九九人、六五％だった。また、やや後半の全国レヴェルのことになるが、一九二四（大正一三）年の女鉱夫全体（六万四九六〇人）のうち有配偶者は四万八六五五人でその七五％を占めている。女性の後山に限れば、全体（三万一九九人）のうち二万三九六四人、七九％が有配偶者だった。同年の繊維工業女工の有配偶者率が一二％だったことを考えれば、女後山の同比率がいかに高かったかが分かる。

以上のように、石炭鉱業における産業革命の展開過程で男は先山、女は後山として夫婦共稼で就労する家族的就業形態が定着していった。

そして、これを統轄したのが「納屋制度」だった。

鉱夫の出身地

最後に、筑豊の鉱夫の出身地をみることにしよう。

一九〇六（明治三九）年現在、筑豊の鉱夫四万七八六五人のうち出身地不明の六三〇人を除く鉱夫の出身地は、福岡県二万五二四人（全体の四三％）、そのほかの県二万六七一一人（同五七％）だった。一方、北海道炭田の鉱夫一万一一五八人の出身地は、北海道二二五七人（全体の二〇％）、北海道以外八九〇一人（同八〇％）だった。

筑豊の鉱夫の出身地は北海道炭田の鉱夫のそれと比較して、炭田所在県出身の割合はかなり高かったと言える。ただ、筑豊の鉱夫も人数と比率でいえば福岡県以外の出身者が多かった。

やや後半のことになるが、一九二八（昭和三）年現在の筑豊の鉱夫六万三六四六人の出身地は以下のとおりである（カッコ内は全体に対する比率）。

福岡県二万八二八〇人（四四％）、熊本県五九七三人（九％）、大分県五九三三人（九％）、朝鮮五六二六人（九％）、広島県四二七八（七％）、愛媛県三三三七人（五％）、佐賀県二八五三人（四％）、鹿児島県二二〇二人（四％）、長崎県一四九四人（二％）、島根県一三一七人（二％）、宮崎県一三〇五人（二％）、山口県一〇四八人（二％）

以上のように、筑豊の鉱夫の福岡県以外の出身地は、熊本、大分県を中心とする九州諸県と福岡県に近い中国・四国地方の県に広がっている。ただ、日本統治下の朝鮮出身者がかなり存在していたことは、この時期の特徴である。

三　「納屋制度」をどう捉えるか

〝封建的労働組織〟論の問題点

石炭鉱業の「納屋制度」は、金属鉱業の「飯場制度」やそのほかの「人夫部屋」、「労働部屋」などとともに、〝封建的労働組織〟とされてきた。あるいは、日本資本主義の「半封建制」を示す一つの指標として、そのことが強調されてきた。しかし、このような理解は正しくない。

筑豊に零細炭鉱がひしめき、〝たぬき掘り〟という原始的な採炭法がおこなわれていた幕末・明治初期には、「納屋制度」は存在しなかった。湧水対策と主要坑道の機械化（産業革命の進展）による深部採炭がおこなわれるようになって、はじめて「納屋制度」が成立した。

また、筑豊の鉱夫の多くが出稼鉱夫や通勤鉱夫などの「半農的鉱夫」だった時期には、「納屋制度」は存在しなかった。専業鉱夫、家族持ち鉱夫が重視されるようになって、はじめて「納屋制度」が成立したのである。

「納屋制度」は石炭鉱業における産業革命の過程で生まれた。ただ、そのことをもって逆に、「納屋制度」を近代的〝労働組織〟と捉えることも間違いである。「納屋制度」をどう捉えるか。この点は結論として最後に述べることとして、その前に幾つかの重要の問題に言及しておきたい。

納屋頭による傷病救済

「納屋制度」を〝封建的労働組織〟として捉える立場から、納屋頭による鉱夫への暴力的支配・抑圧がしばしば強調されてきた。

しかし、鉱夫に対する明治政府（農商務省）の最初の調査報告書である「鉱夫待遇事例」（一九〇六年）では、納屋頭の重要な職務の一つとして「所属鉱夫の死亡、負傷、疾病等の時、相当な保護を与えること」ことをあげている。実際、これまでの石炭鉱業史研究は等しく、納屋頭がもつ鉱夫の保護・救済機能を指摘している。

坑内での労働は、ガス・炭塵《たんじん》爆発、火災、突発的な浸水などたえず危険にさらされていた。また坑内の環境も不衛生だった。こうした労働環境のため、炭鉱では多くの死傷者・疾病者を出した。納屋頭は鉱夫のこうした傷病に対する保護・救済の役割を担った。

納屋頭と鉱夫の間には、親方・子方関係があったとされている。ただ、その関係は暴力的な支配・抑圧によって生まれたのではない。炭鉱労働には付きものの傷病、これに対する納屋頭の保護・救済機能が鉱夫の忠誠心を引き出し、それによって上記の関係が生まれたのである。

以上述べたような納屋頭の保護・救済機能の重要性は、「友子《ともこ》同盟」を考えればいっそう明らかである。「友子同盟」は、金属鉱山を中心に炭鉱地帯の一部（北海道・常磐）で成立した。金属鉱山の地下労働も危険で、多くの死傷者と病者を出した。そうした死傷者・病者を救済するための鉱夫間の自助的共済組織として「友子同盟」が結成された。死傷者・病者の救済という点では、「友子同盟」の方が「納屋制度」よりフラットな関係にあった。ただ、筑豊には「友子同盟」は存在せず、納屋頭が同じような救済活動を担ったのである。

鉱夫の移動

筑豊の鉱夫について考えるばあい、もう一つ重要なことは、鉱夫の移動がひじょうに激しかったことである。

前出の「鉱夫待遇事例」によれば、一九〇六（明治三九）年時点における筑豊の鉱夫（四万七八八一人）の勤続年数別構成は、一年未満が五〇％（二万四一二七人）で、三年以上は一六％（七八八二人）だった。これに対して北海道の鉱夫（一万一一五八人）は、一年未満は三六％（四〇三八人）で、三年以上は二四％（二六六二人）だった。

このように筑豊の鉱夫は、勤続一年以内にほかの炭鉱に移動する者が多く、特定の炭鉱で勤続を重ねる者は少なかった。荻野氏の計算によれば、同年の筑豊の鉱夫のひと月当りの移動率は一五％だった。

こうした筑豊の鉱夫の移動率の高さは、先に述べた納屋頭との親方・子方関係がけっして堅固なものではなかったこと、またしばしば指摘される納屋頭による鉱夫の人身拘束的支配は存在しなかったことを示している。移動する鉱夫のなかには炭鉱労働から離れる者もいたと想像されるが、多くはほかの炭鉱で新たな納屋頭の子方として就労することになった。

このようにみると、「納屋制度」の重要な機能の一つとしての納屋頭による鉱夫募集は、実際には、頻繁に移動する鉱夫を受け入れることによってなされた。ただそのばあい、納屋頭がほかの炭鉱の鉱夫の引き抜きにかかわった可能性が高い。その点で、上記のような形をとった納屋頭の鉱夫募集が筑豊の鉱夫の高移動率の一因だった。

労務供給請負業

以上述べたことをふまえると「納屋制度」は、近代日本の最大の炭鉱地帯・筑豊において労働市場機能を担う労務供給請負業と捉えることができる。納屋頭による鉱夫の傷病救済も、健康を回復させ改めて現場に復帰させることが、供給業者としての責務だったと考えることができる。

「納屋制度」はたしかに、運搬過程（主要坑道）の機械化と採炭過程の手労働という生産技術的条件に規定されていた。ただ、近代化あるいは資本主義の成立は、すべてが機械化されるという誤った認識を前提に、手労働を担う鉱夫とその集団（「納屋制度」）を〝封建的労働組織〟と捉えるのは間違いである。近代化、資本主義の成立は、多くの部門で不熟練労働者を生みだしたのである。

「納屋制度」を石炭鉱業における労務供給請負業と捉えたばあい、作業請負をどう考えるかが一つの問題となる。前述したように、作業請負をおこなうものを「頭領制度」として「納屋制度」と区別し、両者の関係を前者から後者へという「発展段階」の差と捉える見方がある。たしかに、炭鉱経営者が採炭現場を直接管理・監督できるようになるかどうかの差異はある。

しかし、第八章で述べる仲仕業などにみられるように、業者が作業を請負うと同時に労働者を供給するという業種は少なからず存在する。近代日本の労務供給請負業を広くみたばあい、作業請負をおこなうかどうかは、「発展段階」の差ではなく、業態の差異とみるべきだろう。

日本経済の歴史の裏側

第6章 農業と土地所有——地主制

一 二つの見方

地主制に対する二つの見方

これまでの近代日本経済史研究の通説では、近代日本の農業はほとんど地主制（小作人に所有地を貸付け使用料を徴収する農業形態）と等置されてきた。そして、その地主制の性格をどのように捉えるかをめぐって、長い間二つの議論が戦わされてきた。

一つは、幕末期に事実上形成されていた地主・小作関係が一八七三（明治六）年の地租改正（第七章で詳述）を契機に一九〇〇年代ころまでに全国に拡大し、成立した「半封建」的土地所有（小作料に寄生するという意味で寄生地主制ともいう）と捉える見方である。「半」という意味は、本質は「封建的」であるが、近代日本の資本制経済（商品経済）のなかに組み込まれ、その影響を受けているという意味である。

この議論では、地主制の「封建」的性格をどこに見い出したのだろうか。一つは、地主へ納める小作料が現物（米）であり、小作料率も収穫量の五割から六割とひじょうに高いこと。第二は、この高率・高額の小作料の重圧は小作料の滞納を常態化させ、そのことが地主に対する小作人の身分的隷属を不断につよめる原因になったこと。第三は、地主と小作人の関係は口頭による契約関係であり、地主の了解なしに小作人は勝手に作物を変えてはならないという作付制度のもとに置かれていたこと。以上の三点である。

したがって、この議論を主張する人びと（共産党マルクス主義）は、地主・小作関係を資本・賃労働関係と同じように一つの階級関係であると捉える。そして、近代的な資本制と（半）封建的な地主制が並存し相互に結びついていることが、日本資本主義の特徴であると主張する。

また、この議論を主張する人びとは、農業構造のあり方によって地主制を「近畿型」と「東北型」に区分して考えることが多い。「近畿型」は水田一反（一アール）あたりの米の収穫量（水田の反収）が高い一方、農業経営は八反以下の零細な経営の比率が高く、五〇町歩（一町は一ヘクタール）以上所有の大地主の数も少ない。これに対して「東北型」は、水田の反収が低く、農業経営は三町歩前後の比較的大規模な経営をおこなっており、五〇歩以上の大地主も多い。

以上のような議論に対して、これに対立するもう一つの議論は、こうである。地租改正は江戸時代以来の領主的土地所有を廃止し、土地の私的所有とその商品化を実現したものである。それによって生み出された地主制は、日本の資本主義に適応した近代的土地所有である。小作料が高率・高額なのは、労働市場が未発達のため農民が農村に滞留し、土地に対する農民の激しい競争の結果が原因である。小作料が現物納であっても、農家経営がすでに貨幣経済化しているもとでは、それは観念的には貨幣化されており、封建地代としての生産的地代とは明確に区別されなければならない。

地主制を近代的土地所有とするこの議論は、先に述べたような地主制の地域類型に言及することがない。

素朴な疑問

地主制をどのように捉えるかという以上の二つの見方に対して、後述するように筆者は後者の方が正鵠を得ているように思う。ただ、この二つの見方に対して筆者がいだく疑問は、近代日本の農業を地主制と等置し、それを中心に考えていいのかという疑問である。

疑問の一つは、そもそも農作物（その加工品を含めて）の多くは人びとによって消費されるものであり、当時の人びとは米だけを食べていたのかという、素朴な疑問である。また、主食に限っても、米だけを食べることができたのは一部の人びとであり、多くの人びとは麦や雑穀入りの食事だった。こうした麦や雑穀を含めて人びとが口にする食料品（農作物）は、どのような農業によって生産されていたのだろうか。これまでの地主制論は、需要サイド・消費サイドの視点を欠いていたように思う。

二つめの疑問は、小作料としての米といっても、その生産は日本のどこでも可能だったわけではないという疑問である。米の水田栽培は、温帯モンスーン地帯で水資源の豊かな土地で成立する。現在では品種改良や土壌改良などによってこのような制約からかなり免れているとはいえ、改良がすすんでいなかった当時にあっては、上記のような自然的条件を考慮することは重要である。

そのことを踏まえれば、南北に細長く伸びている日本列島のどこでも水田稲作が可能だったわけではない。森林の多い地帯よりも平野部地帯の方が稲作に向いていただろう。平野部地帯でも火山の多い日本では、爆発による降灰の影響が少ない所の方が稲作に向いていただろう。

稲作に限らず農業は、そもそも自然環境や地理的要因といった影響をうけている。これまでの地主制論は、こうした重要な条件を無視してきたように思われる。

二　水田稲作と畑作農業

農耕地の田畑別割合と小作地率

上述のことをふまえれば、農耕地は水田だけではなく畑も当然存在する。そこで、一九〇五（明治三八）年時点における農耕地の田畑別面積とその割合をみると、水田は二八〇九ヘクタール、農耕地全体の五三％、畑は二四六七ヘクタール、四七％である。また、一二〇（大正九）年時点でも、水田は三〇〇九ヘクタール、農耕地全体の五〇％、畑は三〇二五ヘクタール、同五〇％となっている。

つまり、農耕地の半分は水田、もう半分は畑であり、畑の割合はやや増加する傾向にあった。前述のように、これまでの地主制論は水田稲作を前提にしており、農耕地全体の半分で営まれる畑作については、ほとんど言及するところがなかった。

しかも、統計書が示すところによれば、畑作でもかなりの割合で小作地が存在する。いま、水田と畑の農耕地のうち小作地が占める割合（小作地率）を一九〇五年と二〇年の二つの時点でみると、水田五〇％、畑三八％（一九〇五年）、水田五二％、畑四二％（二〇年）である。水田の小作地率よりも一〇ポイントほど低いものの、畑でも四〇％前後が小作地だった。

つまり、小作地はすべて水田稲作だったわけではなかった。

小作地と水稲作付

そこで次に、小作地率（田畑合計）と水稲《すいとう》作付面積比（農耕地全体のうち水稲作付をしている面積の割合）の双方を地域別にみることにしたい。これまでの共産党マルクス主の地主制論は、地域別の小作地率は算出しても、小作料としての米の物納という認識が前提としてあったために、水稲作付面積比の地域的差異をまったく考慮してこなかった。小作地率と水稲作付面積比の関係を考えることは、たいへん重要である。

そこで、小作地率（一九〇三年、全国四四％）と水稲作付面積比（一九〇五年、全国五三％）の関係を四つに区分し、その地域を示せば以下のとおりである。

一つは、小作地率が高く水稲作付面積比も高い地域（以下、地域Ⅰと記す）。北陸（小作地率四九％、水稲作付面積比七〇％）、東海（四八％、六二％）、近畿（四九％、七六％）、山陽（四六％、六八％）、山陰（五四％、六四％）の四地域である。

二つめは、小作地率は高いが水稲作付面積比が低い地域（地域Ⅱ）。北海道（五〇％、一六％、ただし後者は一九二五年時点）がそれである。

三つめは、小作地率が低いが水稲作付面積比が高い地域（地域Ⅲ）。東北（三七％、六二％）がこれに当たる。

四つめは、小作地率が低く水稲作付面積比も低い地域（地域Ⅳ）。関東（四二％、四四％）、東山（山梨、長野県、四一％、四七％）、四国（四二％、四七％）、九州（四〇％、四四％）の四地域である。

以上のように、水稲作付面積比と関係づけて小作地率をみると、水田稲作を介した「地主制」が発達しているのは、地域Ⅰだけである。たしかに「地主制」の「近畿型」といわれるだけあって近畿地域は入っている。ただ、「近畿型」論では、東海、山陽、山陰地域に展開していた「地主制」をどのように捉えるのだろうか。

地域Ⅱの北海道は、小作地率は高いものの、水田稲作はほとんど行なわれていない。温帯モンスーン地帯でないことや、森林地域が広いことなどがその理由である。そのことをふまえると、北海道では水田稲作以外の農作で地主・小作関係が成立していたと捉えることができる。

北海道とは反対に地域Ⅲの東北地方では、水田稲作は盛んだったが、小作地率は低い。東北の小作地帯はその後上昇するものの、一九二二（大正一一）年においても四四％で、全国の四六％より低い。つまり東北では、水田稲作を営む自作農が多かった。「地主制」の「東北型」という類型設定は誤りである。

「東北型」を検出するために、論者は、東北諸県のほかに〝地主王国〟といわれた新潟県を含めて「型」の成立を主張している。

地域Ⅳは、水田稲作を介した「地主制」が展開している地域ではない。「地主制」の「近畿型」・「東北型」では捉えることができない地域である。香川県、福岡県は讃岐平野、筑紫平野が広がっている地域であり、水稲作付面積比もそれぞれ七四％、七〇％と高い。ただ全体としていえば、地域Ⅳは畑作中心の農業だった。特に関東地域についていえば、富士山、浅間山などの火山爆発による降灰が〝関東ローム層〟を形成しており、全体としては水田稲作には不向きだった。

以上のように、近代日本の農業を水稲作付を条件とした「地主制」として捉える見方は誤りである。北海道、関東、東山、四国、九州の諸地域では、小作農を含めて畑作が広い範囲で営まれていた。

畑作農業

それでは、畑では何が作られていたのだろうか。統計書によれば畑では、麦類（小麦、大麦）、いも類（さつまいも、ジャガイモ）、豆類（大豆、いんげん豆、落花せい）、雑穀（とうもろこし、そば、あわ）、野菜、果樹（みかん、りんご、ぶどう）、工芸農作物（なたね、茶、葉タバコ）、桑などが作られていた。

これらの農作物も米と同じように、それが栽培される自然環境や地理的条件があった。例えば、大麦は世界各地の温帯地域が原産であり、「そば」は東アジア北部の比較的寒冷な地が原産地とされている。

また「みかん」は、日本の中部・南部の暖地が適地であり、「りんご」は寒冷地に適している。「茶」は東南アジアの温帯・熱帯地域が原産地である。

こうした自然的・地理的条件をふまえれば、先に述べた畑作が多い地域がこれに当てはまることが分かる。

次に、畑作の農作物の作付面積が農耕地全体に占める割合を一九〇五年時点でみると、以下のとおりである。麦類三四%、いも類六%、豆類一二%、雑穀一〇%、野菜二%、果樹一%、工芸農作物五%。米だけを食べていただけではない（あるいは米すら食べることができなかった）消費者（需要サイド）の視点に立てば、畑作を中心にさまざまな農作物が作られていたことが見えてくる。

そのことと関連して、近代日本の農業では牧畜業がある程度展開していたことも、無視できない。例えば、肉用牛の飼育頭数は、一一七万頭（一九〇五年）、一三八万頭（一〇年）だった。この飼育頭数は、戦後の高度成長期まっただ中（一九六五年）の一八九万頭と比べて遜色がない。飼育頭数が多いのは北海道である。前述のような小作地率の高さを考えれば、北海道では地主から小作地を借りて牧畜業を営む農家が多かったと考えられる。

水田稲作以外の小作農

以上のように、近代日本の農業では米だけではなく、さまざまな農作類が作られていた。この点を前述の作付面積比だけではなく、生産額ベース（一九二六年）でみてみよう。

農業生産額全体を一〇〇％として、それに対する各作物の生産額の割合をみると、以下のとおりである。米五〇％、麦類八％、雑穀・いも・豆類六％、野菜七％、果実二％、工芸農作物五％、繭一八％、畜産物三％、その他農作物一％。

このように近代日本の農業は、生産額ベースでみても米はその半額であり、もう半額は米以外のさまざまな農作物だった。前述のように、畑作でも小作地が相当の割合を占めていたから、米以外のさまざまな農作物の生産は小作農家が少なからず担っていたと考えられる。

そこで次に、農業生産を担った農家を自作農、自作・小作農（自作地のほかに小作地も使用する農家）、小作農に分けて、その戸数と農家全体に占める割合をみることにしたい（一九二〇年）。それは以下のとおりである。自作農一七四万二千戸、三一％、自作・小作農家二二六万五千戸、四一％、小作農一五六万六千戸、二八％。この農家構成（実数、割合）は、ほかの年でみても大きな差はない。

自作・小作農は自作地の方が多いか（自作農に近い自・小作農）、小作地の方が多いか（小作農に近い小・自作農）で二つに区分される。いま上記の自作・小作農の半数を小作農の方に含めると、「地主制」下にある広い意味での「小作農」は農家全体の四八％、ほぼ半数である。しかも、この「小作農」のうち畑作ではほとんどの農家が米以外の農作物を作っていた。したがって、水稲作付を介した「地主制」下の「小作農」は農家の一部だった。

三 「地主制」をどう捉えるか

「階級関係」論の難点

ここまで述べてくると、近代日本の農業を「地主制」と等置し、地主―小作関係を「階級関係」として捉える見方が誤りであることが分かる。

米の生産額は農業生産額全体の半額、広い意味での「小作農」は全農家の半数、そして「小作農」の少なくない部分は米以外の作物を栽培していた。この三点をふまえれば、水稲作付を条件とした「地主制」は近代日本農業の一部分で展開していたに過ぎない。

「地主制」下の地主―小作関係を「階級関係」として捉えると、農業の一部に「階級関係」が存在し、それ以外の農業分野には「階級関係」は存在しないということになる。これはリアリティーに欠け、説得力がない。

それでは、畑作を行なう「小作農」の小作料は水田稲作と同じように現物納だったのだろうか。「いも」や野菜、果実などで小作料を収めたとは、とうてい想像することができない。そういう疑問と問題意識をもって日本史の辞典を開くと、「小作料」についてこう記されている。「小作地の使用および収益の対価として支払う金銭または物。田では物、畑では金銭による金納が一般的であった」。小作農のうち水稲作付を行なう農家は米で小作料を支払うのに対し、畑で米以外の農作物の作付を行なう農家は、金銭で小作料を支払っていた。

近代日本の農業を水稲作付を条件とした「半封建的」地主制と捉える見解は、戦時中（一九三〇年代末）に小作料が金納化され、実質的に低率になったことをもって、「地主制」の衰退を説いている。しかし、畑作の小作料は初めから金納だった。

このことをふまえれば、小作料の物納をもって「地主制」の「半封建」制を説くのは誤りである。「地主制」＝「半封建制」説の立場に立つと、田作では「半封建制」の物納、畑作では「地主制」衰退の象徴としての金納、この二つが最初から並存するという奇妙な矛盾した議論になる。

「半封建制」論の問題点

「地主制」を「半封建」的な「階級関係」としてみることの問題点の一つは、上述したとおりである。ここからさらに進めて、「半封建制」論のそのほかの問題点を指摘したい。

「半封建制」論は、小作料の物納（米）を前提としているため、小作人に対する「作付制限」（米に限定）を強調する。既に繰り返し述べたように、農耕地の自然環境や地理的要因（水資源が豊富か、そうでないかなど）を考えれば、「作付制限」論はほとんど意味をなさない。水資源が乏しい畑地では、小作人は別の物を作っていたのである。

「半封建制」論は、地主と小作人の契約が口頭契約だったことを強調する。しかし口頭契約は、現在でも「諾成《だくせい》契約」として認められ、法的有効性があるものとして社会の一部で結ばれている。口頭契約よりも文書契約の方が、契約の明瞭性やトラブル回避性という点で優れているのは確かである。ただ、前者は封建的、後者は近代的と区分するのは間違いである。

「半封建制」論は、地主に対する小作人の身分的・人格的隷属を強調する。こうした見方は、江戸時代を士農工商という徹底した身分制社会だったという歴史認識と結びついている。たしかに武士は統治階級ではあったが、農工商のあいだには実際には身分的な序列は存在せず、すべて「平人《へいにん》」として扱われた。地主—小作関係を身分的・人格的隷属関係として捉える見方は、江戸時代におけるこうした正確な史実をふまえていない。

高利貸土地経営

それでは、「地主制」をどのように捉えればいいのだろうか。結論を先取りしていえば、「地主制」は、農業への貨幣経済の浸透と土地の商品化（近代的土地所有）を前提とした高利貸し土地（農業）経営である。

一八七三（明治六）年の地租改正は、土地の私的所有権を確定するとともに、地租（地価の一〇〇分の三）の重圧によって多くの農民の土地喪失と地主へ土地集中をもたらした。こうした近代的土地所有を前提とした土地の所有・非所有関係が、高利貸し土地（農業）経営を生み出したのである。その意味で「地主制」は農業部門における高利貸資本の存在形態だった。

共産党マルクス主義においては、資本主義は高利貸資本からは生まれず、産業資本から生まれるとされている。それは間違いない。ただ、高利貸資本は資本主義以前の資本とされ、二つの資本を「発達段階」の差として捉えたため、資本主義成立以降も高利貸資本は存在するという認識を欠くことになった。

実際、現代においても高利貸資本は「貸付け資本」として存在する。一九四九（昭和二四）年の「貸金業等の取締りに関する法律」、八三（昭和五八）年の「貸金業規制法」、二〇〇六（平成一八）年の「貸金業法」の制定がそれを示している。高利貸資本・経営は貨幣経済が浸透していれば、いつの時代にも存在する。近代以降、貨幣経済がいっそう発展すれば、高利貸資本・経営の活動の場は増える。土地の商品化がすすむほど貨幣経済が発達し、そのもとで農民層の分解が起きれば、高利貸資本の一つの存在形態としての「地主制」が成立するだろう。

高利貸は、担保を取らない代わりに個人に対して高い利息で短期間で融資を行なう経営である。高利貸資本による経営のもとでは、そもそも借り手より貸し手の方が圧倒的に優位の立場にある。元利・利子の返済が困難になれば、借り手は多重債務者となる。そうした状況に陥れば、借り手に対する貸し手の圧倒的優位の関係はさらにすすむ。結果として貸し手と借り手の間に人格的な支配従属関係が生ずるようになるだろう。地主と小作人の間の「隷属」関係はこうした事情にもとづくものであり、「地主制」の「半封建性」によるものではない。

以上のように、「地主制」を近代的土地所有を前提とした高利貸土地（農業）経営と捉えれば、前述した近代日本の農業の全体像もよく理解できるようになる。すなわち、近代日本の農業は土地の商品化を前提とした、高利貸土地（農業）経営のもとでの水田稲作と畑作、土地の自己所有のもとでの水田稲作と畑作の四つから構成されていた。

「階級関係」論はなぜ生まれたか

それでは、「地主制」を「半封建」的な「階級関係」と捉える見方は、なぜ生まれたのだろうか。理論的な理由（三つ）と政治的な理由（一つ）がある。

理論的理由の一つは、共産党マルクス主義の理論中心・全体史中心の歴史観である。ここで言う「全体史」とは、諸地域の複合としての全国の歴史ではない。共産党マルクス主義が主張する〝歴史科学〟では理論化や「本質」論が好まれる。ただ、理論化や「本質」論を展開するためには、多くの史実の中から理論や「本質」論に必要な史実を選び出し、ほかの史実は「本質」的ではないとして捨象（ほかの現象は捨てる）する営みが必要である。そうした理論化や「本質」論は、当然歴史を全体として捉えるという歴史観と一体である。

こうした理論中心・全体史中心の歴史観が、地域の多様性、農業の多様性を見失なわせることとなった。

理論的理由の二つめは、石高制《こくだか》にみられるように日本経済の歴史をコメを中心に捉えようとする歴史観の存在である。豊臣（秀吉）―徳川時代の石高制は、土地の生産力をコメの収穫量に換算して捉え、数量化したその石高を基準に領主・農民の関係も領主間の主従関係も決定するものだった。その時代に石高制がもった意義は大きい。

ただ、こうした石高制も江戸中・後期以降しだいに形骸化し、地租改正によって最終的に廃止された。この断絶面を認識していれば、本来コメ中心の農業史観から脱皮できたはずである。しかし、「地主制」を「半封建」的な「階級関係」と捉えたために、地租改正後に拡大した「地主制」もコメを中心に捉えることとなった。

すなわち、「階級関係」論を説く識者は、水稲稲作を前提として、封建的・領主的な土地所有関係は、地租改正を画期に「半封建」的・「地主制」的な土地所有関係に変わったと捉えることとなった。「本質」は変わらず、外形が変容したとする見方である。

理論的理由の三つめは、資本主義的農業と近代的土地所有を一対《つい》のものとして捉えたことである。資本主義的農業とは、近代的地主が存在し、その地主から土地を借りた農業資本家が農業労働者を雇い農業を営むというものである。そこではこの三大階級にそれぞれ地代（資本主義的地代）、利潤、賃金が分配される。この考えは、もともとはイギリスの経済学者リカード（一七七二―一八二三）が説いたものだが、マルクスの農業の「資本主義転形」論に継承された。そして三大階級によるこうした資本主義的農業が行なわれている所で近代的土地所有が成立するとされた。

しかし、こうした資本主義的農業が実際に成立したのは、世界史的にはイギリスだけである。資本主義的農業は近代的土地所有の上に成立すると捉えれば、イギリス以外では近代的土地所有は存在しなかったということになる。こうした議論、イギリス中心史観が、「地主制」を「半封建」的「階級関係」とする見方を生んだのである。

最後に、このような見方が生まれた政治的理由は、マルクス経済学とマルクス経済史学を理論的支柱とする日本共産党の綱領があったからである。

一九三二（昭和七）年に発表された、綱領（いわゆる「三二年テーゼ」、コミンテルンが執筆）は、「地主制」を「日本における支配的な制度の第二の主要構成部分」とし、こう規定している。「地主的土地所有者―日本農村の生産力の発展を阻害し、農業の退化と農民の主要大衆の窮乏化とを促進しているところの、この日本農村における…半封建的体制」

「地主制」に対する同党のこうした見方は、戦後最終的に確定したとされる一九六一（昭和三六）年の綱領にも、それを全面的に改正したとされる二〇〇四(平成一六)年の綱領にも引き継がれている。「党は、半封建的地主制度をなくし、土地を農民に解放するためにたたかってきた」（六一年）、「当時の日本は…農村では重い小作料で耕作農民をしめつける半封建的な地主制度が支配し（ていた）」（〇四年）

地主制に対する同党のこうした見解が、同党を支持する識者の認識を縛り、逆にまた後者による研究の「深化」が前者の見解を権威づけるという関係を生んだ。両者のこの関係の閉鎖的な構造が、これまでみてきた「地主制」論を長く存続させる要因となった。

第7章 政府歳入と租税——酒税と酒造業・消費者

一 歳入と租税

租税に関するこれまでの見解

マルクス主義では、日本資本主義成立期の財政とくに租税については、十分に究明されてこなかった。ただ、一八七三（明治六）年の地租改正条例は地租を確定することによって、明治政府の中央集権的な財政基盤を確立したとされてきた。

すなわち、この地租改正条例は、江戸時代の各藩ばらばらの物納年貢を改め、全国一律の基準で地価を算定しその三％（後二・五％）を金納地租の国税として徴収するというものだった。

ただ、地租の総額は江戸時代以来の旧貢租額を確保するよう徴収させたこと、またこの土地改革によって「半封建的」地主制が生み出されたことなどによって地租は前近代的租税とされてきた。また、こうした地租を財政的基盤とする日本の資本主義は地主制との結びつきもあって「半封建」的なものとして捉えられてきた。

これまでの研究は、こうした地租がもつ意義を強調する一方、近代的租税としての所得税にも注目し、税収の基盤が前近代的地租から近代的所得税にいかに移行していくかに関心を寄せてきた。とくに日清戦争後の政府の経済運営（日清戦後経営）、日露戦争の戦費調達の財源の一つとして所得税増税が指摘されてきた。

また、一八九九（明治三二）年の所得税法の改正は、所得と金融所得を分ける分離課税制度を導入したため、地主の有価証券投資を促し、「半封建」的地主制と「近代」資本主義が結びつく契機になったことも強調されてきた。

以上述べてきた地租、所得税のほかに、酒税、タバコ税、砂糖に対する税など〝大衆課税的な性格をもつ間接消費税〟に言及する研究があったが、その意義は深く検討されることはなかった。

政府の歳入とその租税構成

それでは、以上のような地租、所得税、消費税に関するこれまでの言説の妥当性を、財政統計で具体的に検討してみることにしよう。表6はそれを示したものである。

地租は、一八八〇（明治一三）年は確かに歳入の六七％を占めており、明治政府の最大の財源になっている。九〇（明治二三）年には地租の占める比率は三七％とおおきく低下するが、それでも最大の財源であることには変わりはない。しかし、日本資本主義成立期の一九〇〇（明治三三）年にはさらに低下し、政府の最大の財源とは言えなくなる。

表６　政府の歳入と歳入科目

（単位：百万円・％）

年度	地租	酒税	所得税	その他共歳入合計
1880	42.3（66.8）	5.5　（8.7）	—　（—）	63.3（100.0）
90	39.7（37.3）	13.9（13.1）	1.1（1.0）	106.5（100.0）
1900	46.7（15.8）	50.3（17.0）	6.4（2.2）	295.9（100.0）
10	76.3（11.3）	86.7（12.9）	31.7（4.7）	672.8（100.0）
20	73.9　（3.7）	163.9　（8.2）	190.3（9.5）	2000.7（100.0）

出典：『明治大学財政詳覧』

一方、所得税は、一八八七（明治二〇）年の所得税法の制定によって導入された税のため、歳入に占めるその割合は、九〇年は一％、一九〇〇年でも二％で、一割近くなるのは二〇（大正九）年のことである。

これに対して酒税は、日本資本主義成立期の一九〇〇年には歳入の一七％を占め、地租を抜いて歳入のトップに躍り出ている。酒税が地租を上回る状態は、その後も一貫して続いている。

以上のようにみると、これまでの租税に関する議論、地租と所得税中心の議論は誤りである。また〝大衆課税的な性格をもつ間接消費税〟に言及した議論も、酒税が歳入に占める大きさを見落としている。実際、ひと口に消費税といっても、歳入に占める割合は、タバコ税は二％弱（一八九〇年）、砂糖消費税は三％弱（一九一〇年）、醬油税は一％（一九〇〇年）であり、酒税と同列に論じることはできない。

以上のように、これまでの租税に関する議論は、日本資本主義の成立期あるいはその前後の時期における酒税の重要な意義を見落としていた。その結果、酒造業という在来産業に対する深い研究を行なうことができなかった。

酒税に関する法令と税率

それでは、このように税源として重要な意味をもつ酒税は、どのような法令のもとで徴収されたのだろうか。法令上、酒税は酒造税と呼ばれ、酒の容量により税率が決まる従量税で、酒造業者に課せられた。江戸時代は酒の造石高《ぞうこく》（一石は一升の百倍、約一八〇リットル）に応じ一定の税率で冥加金《みょうが》（農業以外の各種の営業従業者に課せられた雑税）として徴収された。

明治政府もこれを引き継ぎ、一八六八（明治元）年酒造に関する税則が布達された。さらに七五（明治八）年の「酒類税則」を経て八〇（明治一三）年「酒造税則」が制定された。これによって政府は、酒造所に酒造免許税を課すとともに、酒類造石税を徴収することになった。

さらに政府は、日清戦争後の増税計画の一環として九六（明治二九）年、「酒造税法」を制定した。これによって酒造免許税は別の税目に吸収される一方、酒類造石税は増税のうえ、第一酒（清酒、味醂《みりん》ほか）、第二酒（濁酒）、第三酒（焼酎ほか）を対象として徴収されることになった。

また日露戦争（一九〇四―〇五年）勃発後、戦費調達のため「非常特別税法」が制定され、酒造税が引き上げられた。さらに一九〇八（明治四一）年にも、日露戦後の経済運営のために、その一環として酒造税が引き上げられた。酒造税はさらに、第一次世界大戦中、後の一九一八（大正七）、二〇（大正九）年にも増税された。

では、以上のような酒造税法の制定と改正によって、酒税率はどのように推移したのだろうか。加藤慶一郎氏の研究によれば、一石当りの税額は以下のとおりである。

一八七八（明治一一）年一円、八〇（明治一三）年二円、九六（明治二九）年七円、一九〇四（明治三七）年一五・五円、〇五（明治三八）年一七円、〇八（明治四一）年二〇円、一八（大正七）年三〇円、二〇（大正八）年三三円。

これから分かるように、「酒造税則」の制定（一八八〇年）によって酒税額は一石当り一円から二円へ、日清戦後には七円、日露戦中・後には一六〜一七円、第一次世界大戦中・後は三〇円、三三円へと税額は急速に増大した。

日本の資本主義の成立と展開のエポックを画すような時期に酒税額が大幅に引き上げられているのである。実際その後の酒税額の引き上げは、一九二六（昭和元）の四〇円、三七（昭和一二）年の四五円の二度だけである。

こうした酒税の引き上げによって、酒価に占める酒税の比率も増大した。おなじく加藤氏の研究によれば、上記の比率は一八七八（明治一一）年は四・一％だったのに対し、八〇（明治一三）年には一四・九％に上昇し、日清戦争後の九六（明治二九）年には三五・五％、日露戦争中・後の一九〇四・〇五（明治三七、八）年には五二〜五四％へと上昇した。ただ、酒価に占める酒税の比率はほぼこの時期がピークで、第一次世界大戦期に入ると、酒価の上昇のため上記の比率は徐々に低下し、大戦中・後の一八（大正七）、二〇（大正九）年には三五・九％、二九・一％にまで低下した。

以上述べたような酒税負担にもかかわらず、酒を造る側とそれを消費する側の双方に多数の人びとがいたからこそ、政府の財源は支えられていたのである。

二 在来産業としての酒造業

酒造業とその地域性

そこでまず、酒を造る側、酒造業についてみることにしよう。酒造業については、これまでマルクス主義ではほとんど扱われることがなく(その理由は後述)、それとは一線を画す研究者によって少なくない研究が蓄積されてきた。

ここでは、農商務省の一九〇九(明治四二)年の工場調査(職工五人以上の工場が対象)により、酒造業についての筆者なりの分析を行なうことにしたい。

この工場調査では、酒造業は清酒のみを製造する工場と、清酒と焼酎の二つを製造する工場とが混在している。焼酎だけを製造する工場は、ほんの三、四しか存在しない。当時の焼酎の製造は、清酒の製造を兼ねて行なわれていたと考えられる。したがって以下の酒造業の工場分析では、清酒だけを製造する工場を清酒工場とし、焼酎も製造する工場を焼酎工場として分けて考えることにする。ただし、以下で記す焼酎工場、焼酎県とは清酒製造量よりも焼酎製造量が多いという意味ではない。

一九〇九(明治四二)年現在、酒造業における職工(多くは杜氏《とうじ》)五人以上の工場数は、清酒工場は

一七七三、焼酎工場は三八九、計二一六二である。

まず清酒工場について、工場数が多い上位一〇府県と、全国の清酒工場総数に占める割合をみると以下のとおりである。
①兵庫県四九二工場（二七・七％）、②京都一五九工場（九・〇％）、③福岡一二八工場（七・二％）、④大阪一一四工場（六・四％）、⑤石川一〇五工場（五・九％）、⑥愛知七九工場（四・五％）、⑦福井七七工場（四・三％）、⑧滋賀六七工場（三・八％）、⑨岡山四九工場（二・八％）、⑩千葉四八工場（二・七％）
以上の一〇府県の工場数だけで全国の清酒工場総数の七四％を占めている。全体として見れば、清酒工場は関西地域あるいは西日本と北陸地方に集積している。

ただ、ひと口に清酒工場の立地府県といっても、その府県内の地域をみると一つの特徴が浮かびあがる。たとえば、清酒工場が多い上位四府県をとってみると、兵庫県では灘がある武庫郡に、大阪府では堺市に工場が集積しているのに対し、福岡県、京都府では工場が府県内に広く分布している。こうした特徴はそのほかの六つの県にもみられ、兵庫・大阪型は愛知県（知多郡）、福岡・京都型は石川、福井、滋賀、岡山、千葉の諸県である。

次に、焼酎を造る立場についてみてみよう。工場数が多い上位一〇県と、全国の焼酎工場総数に占める割合をみると以下のとおりである。
①佐賀県五二工場（一三・四％）、②高知県四一工場（一〇・五％）、③千葉県三〇工場（七・七％）、④栃木県二八工場（七・二％）、⑤熊本県二四工場（六・二％）、⑥宮城県二三工場（五・九％）、⑦愛知県

二〇工場（五・一％）、⑧長崎県一六工場（四・一％）、⑨福井県一四工場（三・六％）、⑩滋賀県一二工場（三・一％）

以上一〇県の工場数だけで全国の焼酎工場総数の六七％を占めている。全体として見れば焼酎工場は、九州地域と関東・四国の一部の県に集積している。清酒工場が多い県の一〇府県と重なるのは、千葉、愛知、福井、滋賀の四県である。総じていえば、焼酎製造地域と清酒製造地域には無視することができない差異があった。

焼酎は米を原料とするものもあるが、多くは麦焼酎、芋焼酎である。原材料となる麦、芋は畑で作られる。第六章で述べたように、九州、四国、関東は水稲作付面積比の低さに示されるように、畑作の比重がほかの地域より高い。こうした自然地理的条件が、上記の地域に焼酎工場が多い理由だった。

創業年

それでは、以上のような酒造工場はいつ創業したのだろうか。酒造業が在来産業といわれるように、その創業は歴史的に古いと考えられるが、創業年を具体的に検討した研究はない。

農商務省による前出の「工場調査」は工場ごとにその創業年月を記している。これを用いて酒造工場の創業年をみることにしたい。創業年の時期区分としては、明治以前（一八六七年以前）、明治初年から大日本帝国憲法施行まで（一八六八—九〇年）の明治初期、憲法施行後から日清戦争後まで（一八九一—一九〇〇年）の明治中期、日露戦争前後（一九〇一—〇九年）の明治後期の四つに区分することにする。

まず清酒工場についてはエ場数がもっとも多い兵庫県を取りあげる。創業年が不明の三五工場を除いた四五七工場についてみると次のとおりである。

明治以前一九二工場（全体の四二・〇％）、明治初期八六工場（同一八・八％）、明治中期九二工場（同二〇・一％）、明治後期八七工場（一九・〇％）

灘を中心に伝統ある酒造工場が集まる兵庫県においては、工場の四〇％以上が明治以前に創業している。明治に入ってからは、初期、中期、後期にそれぞれ全体の二〇％前後の工場が創業している。ただ、年平均でみれば、明治に入ってからの工場の創業は、日清・日露戦争後の明治中・後期に集中していたと言える。

このようにみると兵庫県の酒造工場は、明治以前の前近代期と日本資本主義の成立期の対照的な二つの時期に創業した。

こうした傾向は、ほかの酒造業府県でもみられる。ただ、兵庫県とやや異なるのは、明治以前に創業した工場の割合は兵庫県ほど高くないことである。上位二位から五位までの府県の酒造工場の内明治以前創業の工場の数と割合は、次のとおりである。

京都四〇工場（二五・二％）、福岡三二工場（二五・〇％）、大阪二三工場（二〇・二％）、石川一八工場（一七・一％）

次に、焼酎工場の創業年についてみよう。工場数がもっとも多い佐賀県を取りあげる。創業年が不明の二工場を除いた五〇工場についてみると次のとおりである。
明治以前二五工場（全体の五〇・〇％）、明治初期一二工場（同二四・〇％）、明治中期六工場（同一二・〇％）、明治後期七工場（同一四・〇％）

佐賀県内の焼酎工場の半数が明治以前に創業しているという点では、兵庫県の清酒工場と共通した側面がある。ただ、日清・日露戦争後の日本資本主義の成立期に創業した工場が取り立てて多いというわけではない。この点は兵庫県の清酒工場とは異なる。

ただ、このことは佐賀県の焼酎工場の特徴であり、ほかの焼酎製造県に当てはまらない。実際、上位二位、三位の高知、千葉県の焼酎工場についてみると、明治以前創業の工場の数と全体に占める割合は、それぞれ五工場（一二・二％）、七工場（二三・三％）である。

清酒工場の創業における兵庫県とほかの府県の違いと同じように、焼酎工場がもっとも多い佐賀県とほかの焼酎県とでは、明治以前創業の割合がおおきく異なるのである。

ただ、酒造工場の創業時期における以上のような地域的差異にもかかわらず、酒造業全体としては歴史ある伝統的在来産業であることは間違いない。

事実、農商務省のこの「工場調査」によれば、全ての産業の工場（三万一一一二）の創業年内訳は、明治以前二四五四工場（全体の七・九％）、明治初期六三六七工場（同二〇・五％）、明治中期七六四二工場（同二四・六％）、明治後期一万四六四八工場（同四七・一％）である。全産業レベルでみると、明治以前に創業した工場は全体の八％ほどで、全体の半数近くは明治後期（日露戦争前後）に創業している。

このことをふまえると、兵庫県、佐賀県以外の諸府県でも酒造工場創業年で、明治以前創業の割合がいかに高かったかが分かる。

三　消費者と社会運動

飲酒文化

以上、酒を造る側の酒造業についてみてきた。次にそれを消費する側の様子についてみることにしたい。ここではそれを〝飲酒文化〟と呼ぶことにする。

明治維新後の東京という街の夜景を描いた松原岩五郎は、一八九三（明治二六）年、その著書のなかで次のように書いている。

「居酒屋には数多くの労働者が入り浸りて飲み、飯屋《めしや》には無数の下等客が混み入りて食い、寄席という演芸所は混雑せる老若男女の客に依って満され、頻《しき》りに演台の余響（あとまで残る響き―注）を戸外に鳴して客を招き入れている」

ここでは、さまざまな労働民衆が「居酒屋」で酒を飲み、「飯屋」で食事をし、その家族を含めた多くの人びとが寄席を楽しんでいる様子が描かれている。

ここで「居酒屋」という言葉が出てくるが、もともと日本では、「居酒《いざけ》」は買った酒をその場で飲む好ましくない行為とされてきた。しかし「居酒屋」は、江戸時代の一七〇〇年代末ごろから江戸などの大都市や宿場町、港町で発達し、江戸時代後期に「飯屋」と一体となった〝縄のれん〟という形で定着した。

こうした「居酒屋」を含む酒場は、明治維新以降、工場の発達とともにその周辺に職工を対象として形成されていった。さらに日露戦争前後には、遊女を置いて銘酒を飲ませる「銘酒屋」が発達した。東京についてみると、一九〇一（明治三四）年頃から〇七（明治四〇）年頃にかけて「銘酒屋」は急速に普及し、それまで四〇軒ほどだった「銘酒屋」は数百軒に増加した。

こうした飲酒店で職工が飲むのは、給料日のときが多かった。給料日は短時間で仕事が終わり、給料を受け取った職工は、その後飲酒などの遊興に浸り、翌日は工場を休むというのが一般的だった。前出の「鉄工事情」も、「賃金渡し日の翌日は休業する者が多いという事実がある」と記している。また、給料日に職工が飲酒などの遊興に浸ることについて、宮地嘉六はこう述べている。

「呉の街が活気を見せるのは毎月の勘定日であった」、「勘定日の晩は、大体仲間同志で酒でも飲む。あちらの長屋、こちらの路地裏で手拍子で唄うのがきこえる」

しかし給料日は、職工にとって少し緊張を要する日でもあった「鉄工事情」は次のように記している。

「賃金渡日には、職工の妻は夫が工場から帰るかどうかを心配する。というのも、工場の門前には掛取り（掛売りの代金を取り立てる人―注）が群をなしていて、職工が賃金を受け取ると直ちにそれを請求することは常に見る所である」

職工がおそらくあちこちの飲食店で〝掛け買い〟（代金後払い飲食）をし、給料日はその代金を回収しようと大勢の「掛取り」が門前に押しかけ、職工はそれを逃れようと雲隠れし、給料日は夫が帰宅しないことを心配する妻の姿が、ここに示されている。

ただ、職工が飲食店で〝掛け買い〟をしていたということは、職工の外での飲酒が給料日だけでなく、それ以外の日でもかなり頻繁だったことを意味している。枡本卯平は、飲酒を含む職工の遊興についてこう述べている。

「職工が得る所のものは、金と疲労とその二つの外《ほか》は恐らく何もない…彼等は疲労の反動として多少慰安の途《みち》を求め、金の余力で此《この》慰安の途に就く…普通一般に彼等が求める途は寄席、活動写真（映画―注）、劇場の外、酒楼《しゅろう》（飲食店―注）、賭博に越すものはない」

また、造船所職工に関する当時の調査報告書も、職工の飲酒について次のように記している。

「飲酒が単なる嗜好を越えて一つの悪習となっている。例えば造船所職工の回りに屢々《しばしば》見聞される事実で、勘定日は勿論《もちろん》、その他の日に工場付近の酒場が何《いず》れも帰途の職工で満員となる例は各地で眼に入る事実である。こうして職工の収入の可成《かな》りの部分が徒《いたず》らに強烈な液体のために空費される」

工場周辺に形成された酒場で、仕事を終えた職工が酒を飲む、このことはかなり一般的に見られた。それでは、職工はどれほどの割合で飲酒していたのだろうか。

一九〇二（明治三五）年三月の日本鉄道大宮工場（日本鉄道は一八八一年東京・青森間の鉄道敷設を目的に設立された日本で最初の私有鉄道。大宮工場は車両の修繕・組立などを行なうその付属工場）の職工一一七二人を対象とした嗜好調査がある。この調査によれば、「酒を好む者」は五五八人で、全体の四八%だった。また一九（大正八）年七月の月島（機械工場が多い工場地帯）の職工についての調査によれば、「飲酒する家」は六五%、「飲酒せざる家」は三五%だった。このようにみると、飲酒する職工は全体の五〇%から六〇%以上だったとみられる。

ただ、以上の職工の飲酒率は、外の酒場での飲酒だけでなく、家庭内での飲酒も含まれている。そこで、家庭内での飲酒の状況をみることにしたい。

横山源之助は前出「日本之下層社会」のなかで、何人かの職工の家計支出構成を示している。それを見ると、家計支出に占める酒代の比率は高く、家庭内で職工はかなりの量の酒を飲んでいたことが分かる。例えば、ある仕上《しあげ》職（本人二四歳、妻二〇歳、子ども二歳、父六七歳、母六四歳の五人家族、日給六三銭、月収一六円三八銭）の家計支出総額は一九円六〇銭（赤字三円二二銭）で、その内酒への支出は一円二〇銭（支出総額の六・一%）である。横山は同書で酒の値段は一升二〇銭と記しているので、この仕上工はひと月に六升飲んでいたことになる。

また横山は、別の論考のなかで、ある旋盤職、仕上職の一カ月の家計支出状況を紹介している。それによれば旋盤職の支出一五円二五銭の内、酒への支出は一円五〇銭（支出額の九・八%）、仕上職の支出三二円二六銭の内、酒への支出は三円（同九・三%）だった。一升二〇銭とすれば、前者の旋盤職はひと月に七・五升、後者の仕上職は一五升という大量の飲酒をしていたことになる。

以上述べてきたように、職工の内二人に一人あるいは三人に一人は、酒場や家庭で飲酒したが、家庭で飲酒する職工は家計が赤字になってでも家計支出の六％から一〇％を酒の購入に充て、かなりの量の酒を飲んでいた。日本人は体質的に酒類をまったく受けつけない人（下戸）が多いとされていることを考えれば、こうした飲酒率、飲酒量は相当高く多かったと言うことができる。

「酒屋会議」とキリスト教、友愛会

以上、職工の飲酒を中心に近代日本の飲酒文化についてみてきた。それではそうした飲酒に反対する禁酒運動は日本ではどのように展開したのだろうか。というのも、世界史的視野でみれば、各国で固有の飲酒文化が誕生する一方、程度の差はあれ必ず禁酒運動も生まれたからである。アメリカはその典型例である。

アメリカの禁酒運動は、ピューリタニズムの伝統の強いニューイングランド地方で一八三〇年前後から始まり、一八四六年アメリカ初の禁酒法がメーン州議会で成立した。その後五六年までに一三の州で禁酒法が制定された。そして一九一九年、憲法の修正によりアメリカ全体に適用される禁酒法が制定され、三三年同法が撤廃されるまでアメリカでは禁酒法の時代が続いた。

日本の禁酒運動もアメリカと同じように、キリスト教の影響をうけた。ただ、そのことを述べる前に、日本のばあい重要なことは、禁酒運動とはおよそ正反対の運動が存在したことである。「酒屋会議」がそれである。

前述したように、一八八〇（明治一三）年酒造税はそれまでの一石当り一円から二円に大幅に引き上げられた。高知県下の酒造業者三〇〇人は、これに抗議して八一（明治一四）年減税嘆願書を明治政府に提出した。これに刺激されて各地の酒造業者も減税運動に乗り出した。高知県下の酒造業者から請願、相談された植木枝盛《えもり》（一八五七年土佐藩生まれ、八一年に人民主権・抵抗権など全二二〇条から成る「日本国国憲案」を起草した自由民権運動家）は、八二（明治一五年）五月に大阪で「酒屋会議」を開くよう全国に呼びかけた。そのとき植木が発した檄文の要旨は、酒造税の引き上げは酒造業の自由な営業と発展を阻害する、またそれは酒価の高騰を招き「人民」を困窮ならしめる、というものだった。政府はこの会議が開かれることを禁止したが、予定どおり二府一五県の代表四四人が大阪淀川の舟上で会議をもち、元老院（一八七五年に設置され九〇年の帝国議会の開設に伴い廃止された、明治初期の最高の立法機関）宛に「酒税軽減嘆願書」を提出した。しかし、これは聞き入れられなかった。

自由民権運動にはさまざまな潮流があるが、その多くの運動の基調には税の徴収と税の使途を審議するための議会開設の要求があった。そのことを考えれば、「酒屋会議」は自由民権運動の一齣として捉えることができる。同時にこの会議は、植木の檄文に示されているように、増税による酒価の高騰は、人びとの困窮を招くという、禁酒運動とは正反対の運動だった。

さて日本の禁酒運動は、プロテスタント系のキリスト教が中心となって始まった。一八八六（明治一九）年九月、大阪、神戸にキリスト教婦人禁酒会、一一月に岡山キリスト教婦人禁酒会が結成された。東京においても同年矢島楫子《かじこ》（一八三三年、熊本県生まれ）らが中心となって東京キリスト教婦人矯風《きょうふう》会が設立され、矢島はその会頭に就任した。

このキリスト教婦人矯風会のほかに、もう一つキリスト教系で禁酒運動を担った組織は、山室軍平《やまむろぐんぺい》（一八七二年岡山県生まれ）の救世軍《きゅうせいぐん》である。救世軍は、一八七八年ロンドンで創設された軍隊組織のプロテスタント系団体である。キリスト教の伝導と社会改良を目的とした。日本では九五（明治二八）年に来日したイギリス人の大佐によって日本救世軍が創設され、翌年山室軍平が最初の士官に任命された。

こうした矯風会系、救世軍系のキリスト教禁酒運動で特徴的なことは、それが廃娼運動（公娼制度の廃止をめざす運動）や貧困者救済活動と結びついていたことである。娼妓と飲酒はしばしば一体のものである。また飲酒への依存がしばしば労働不能による家庭崩壊や経済的貧困を招いた。実際、矢島楫子が東京キリスト教婦人矯風会の結成に参加したのも、かつて夫の酒乱に苦しめられた自らの体験があったからである。

以上のようなキリスト教禁酒運動に直接連なるものではないが、キリスト教徒の鈴木文浩によって設立された友愛会の主張にも禁酒思想が見られる。前述のように友愛会は、職工の自己肯定感の低さに示されるような意識を克服するためにさまざまな自己改造論を主張した。そのうちの一つは、飲酒癖あるいはそれと結びついた遊興癖の克服だった。

再度の引用になるが鈴木文浩は職工の短所の一つとして道楽にはまっていることを挙げている。

「旧来の悪習慣が容易に抜けない…旧来の悪習慣とは即ち呑《の》む、賭《う》つ、買うの三道楽に身を持ち崩す者が多いため、その身の健康を害し、信用を墜し、立派な技術を持っていながら殆んど乞食同様に成り下がる者がいる。また此の飲酒、賭博、女色の三道楽のために、多くは不当な高利の金を借り、そのた

めに一生涯、首の廻らないような境遇に陥る者もいる」（「労・産」大正三年一二月）

また友愛会のある記者は、職工の貯蓄心の向上と節酒を結びつけて次のように述べている。

「酒を一定量以上に飲む人はどうしても心身を破壊するのである。金銭を一定額以上使う人は借財に苦しむようになる…一度借金の苦痛を想い及ぶ時は、平素から心掛けて貯蓄をしなければならない…我々は収入が少ないからといって貯金を怠るわけにはいかない」（「労・産」大正四年二月）

また友愛会のある会員は、大量の飲酒が職工に対する社会の差別意識を生み出しているとしてこう述べている。

「選ぶべきは善友である。慎しむべきは酒である。酒は何の為に飲むのか。喧嘩《けんか》口論《こうろん》または風俗を乱すために飲むのではない。…大酒を飲み身体の自由を失って他人の世話になり、また他人に無礼を働く者がしばしばいる。これらの人々は結局友人の信用を失い、また多くの人に見下げられ、一身上これが為大失敗を来すようになることが多い。要するに、世間より我々は地位が低いと軽蔑され、どうせ労働者だものと言われるのも、これが理由ではあるまいか」（「労・産」大正四年三月）

友愛会が労働組合の必要性を強調するようになる「後期」に入ると、飲酒を含む職工の遊興癖は労働組合によって克服されるという主張が生まれる。鈴木文浩はこう述べている。

「労働組合の特色は、自治、自助をもって組織するが故に、自尊自重の念が生まれ、組合員相互が助け合うため、自暴、自棄、自堕落の人を減ずることになる。例えば、賭博、買淫、飲酒の悪習を絶つに至ること、これはその著しい例である」（「労・産」大正五年七月）

ここで鈴木は、労働組合は飲酒を含む労働者の「悪習」を断つためにも必要だという認識を明らかにしている。

以上、「酒屋会議」とキリスト教禁酒運動、友愛会の節酒論について見てきた。自由民権運動の一つとしての「酒屋会議」は、酒造税引き上げによる酒価の高騰は「人民」の〝困難〟を招くとしていたのに対し、キリスト教禁酒運動と友愛会の禁酒論は、飲酒・過剰飲酒が人びとの〝貧困〟を招くととらえていた。

このように近代日本には、飲酒をめぐる自由民権運動の系譜とキリスト教・友愛会の系譜の二つの動き（前者は明治前期、後者は主に明治中後期・大正初期という時期の差はあったが）があった。

四　酒税から見えてくるもの

日本資本主義の成立期の国家財政は酒造税という、消費税に強く依存していた。地租は明治前期は政府にとって重要な財源だったが、その比重はその後急速に減少していった。このことの具体的な分析を踏まえずに、地租を介した日本の資本主義と「地主制」の構造的な結びつきを説く議論は間違いである。間接消費税に言及する議論も、酒造税の比重と意義を無視している点では同じである。当時の政府の政策が広い意味での「富国強兵」策だとすれば、それは在来産業としての酒造業から徴収する税につよく依存していたと言える。この史実に着目すれば、伝統に支えられた近代、在来産業と近代産業が一体となった資本主義の成立という構図が見えてくるはずである。

もちろん（本章では言及しなかったが）、酒造業の一部を地主が担っていたのは事実である。しかしこれまでの酒造業史研究では、「地主型酒造家」よりも「企業型酒造家」の方が主流だったことが明らかにされている。また酒造業の地域性をみても、酒造業府県（府県内の地域）は「地主制」がとくに発達した地域とは言えない。「地主王国」新潟県を含む「地主制」の「東北型」地域は少なくとも一九〇九（明治四二）年時点では酒造工場は多くはなかった。

酒造業にみられるような在来産業の特徴は、綿糸紡績業、機械工場などの近代産業とは異なり、消費者の生活空間と密接なことにあった。序章で述べたように、これまでのマルクス主義は、「階級関係」を重視することによって供給サイドの立場に立ち、需要サイドの視点をもたなかった。酒造業を重視すれば、もっと違った重要な側面が見えてきたはずである。

明治維新以降、産業革命の時代をとおして、「居酒屋」や酒場は、江戸時代以来の大都市や宿場町、港町のほかに新たに形成された工場地帯でも発達した。職工は外ではそうした所で酒を飲んだ。職工の飲酒の慣習はかなり強かったが、それは第四章で述べたような職工の意識からくるものだったと考えられる。近代の工場労働を担う職工のさまざまな心理的負担は、飲酒によって緩和された。

以上のような酒造業の消費サイドの視点に立てば、消費者である民衆にとって酒価が高いかどうか、過剰飲酒か禁酒（節酒）という飲酒をめぐる二つの問題が浮かび上がる。自由民権運動の「酒屋会議」は前者であり、後者はキリスト教禁酒運動と友愛会の労働者地位向上運動だった。

酒税を重視すれば、以上のような新しい歴史像が見えてくる。

第8章

貿易と海運——沖仲仕

一 仲仕と仲仕業

仲仕の種類

序章で述べたように、資本主義が成立するためには外国との貿易が必要だった。また、資本主義の成立による商品生産の増大によって、その流通のための海運業も盛んになった。こうした貿易と海運が実際に成り立つためには、港湾で物資の搬出・搬入を担う荷役労働者が必要である。仲仕《なかし》と呼ばれる人びとである。

そこでまず、仲仕の種類とその仕事の内容について述べることにする。

仲仕でもっともよく知られているのは、沖仲仕である。一八九九（明治三二）年兵庫県が県令として制定した「仲仕業取締規則」によれば、沖仲仕は「船舶において貨物の積入れ、積卸し、積替えをなす」者（第二条第一項）とされている。ただ、横浜港では仲仕は「人夫」と呼ばれ、沖仲仕は沖人夫と呼ばれていた。「本船より艀船《はしけぶね》に、あるいはその反対に艀船より本船に貨物を積込む作業をなす」者が、沖人夫とされた。

仲仕の第二は、荷上《にあげ》仲仕、沿岸人夫と呼ばれる人びとである。前記の兵庫県「仲仕業取締規則」によれば、荷上仲仕は「波止場《はとば》、桟橋または陸上において貨物の水揚げ、積込み、倉入れ、倉出し、荷造りをなす」者（第二条二項）とされている。一方横浜港では、「沿岸の倉庫から艀積みをするか、あるいは反対に艀船から陸揚げをする」者は沿岸人夫と呼ばれた。なお、上記の兵庫県「規則」には明示されていないが、神戸港には浜仲仕と呼ばれる人びとがいた。荷上仲仕の後継の名称なのかどうかは分からないが、同じような仕事をしていた。

仲仕の第三は、港の違いによって取り扱う固有の物資があり、その物資を専門に担う仲仕である。兵庫県の「規則」によれば、以下のような仲仕がいた。

「木材類の船積み、水揚げ、筏組《いかだぐ》み、河卸《かわおろし》運搬」をする「鳶《とび》仲仕」、「石炭類の船積み、水揚げ、倉入り、倉出し」をする「石炭仲仕」、「他人の貨物を荷車で運搬」する「車仲仕」、「石材類の船積み、運搬」をする「石仲仕」など。

一方横浜港では、仲仕のこの第三に該当するのは「筏人夫」である。「木材を本船から卸し、筏に組んで目的地に回漕するもの」が「筏人夫」である。これは上記の「鳶仲仕」と同じである。横浜港ではそのほかの「人夫」はいないので、木材の取扱量が相当多かったものと思われる。

仲仕の種類はおおよそ以上のとおりである。強調しておきたいことは、これまでは機械を操作するかどうかによって熟練、不熟練労働の区分がなされてきたが、仲仕の労働はこうした従来の区分では捉えることができないことである。実際、仲仕の労働を調査した行政機関は、「仲仕労働は普通の人夫では作業困難である」、「大量の貨物を極めて敏速に積卸しする必要があるため、人夫は統制ある熟練者でなければならない」（東京地方職業紹介事務局）と記している。

仲仕の労働は、従来の区分とは異なった意味での熟練労働だった。

仲仕業と供給請負業

仲仕を所属労働者として多数抱え、注文主に応えるのは仲仕業である。注文主の主な業態は、海運会社、輸出入業者、港湾地域内の各種問屋、倉庫業などである。こうした仲仕業は、どのようなものとして捉えたらいいのだろうか。それは、港湾を所管する県が仲仕業を管理・統制するために発出した県令の内容をみれば知ることができる。

前述のように兵庫県では、一八九九（明治三二）年県令で「仲仕業取締規則」が発出された。この「規則」はその第一条で、「仲仕業と称するは、沖仲仕、荷揚仲仕…此等稼業者の請負をなす者を言う」とし、「仲仕請負業」を仲仕業と規定している。つまり、注文主の仕事の要求に応じて仲仕の供給を請負うのが仲仕業だった。

このことは、横浜港を所管する神奈川県でも同じだった。同県は一八八九（明治二二）年、県令として「横浜港人夫請負業及人夫取締規則」を発出したが、ここでも仲仕業は「請負業」とされている。この「規則」は一九一一（明治四四）年改正され、仲仕業は「人夫請負営業者」に改称された。

以上のように、ほぼ日本資本主義の成立期に供給請負業の一つとして仲仕業が誕生した。こうした仲仕業に対して県側はどのような監督行政をすすめたか、これを上記の県令に即してみることにする。

まず第一は、仲仕業を免許制、許可制にしたことである。「仲仕請負業を為さんとする者は、族籍（士族、平民の区分―注）、住所、氏名、年齢、稼業（仲仕業―注）の種類を詳しく記し、組合長（後述）の連署のうえ、所轄警察官署に願出て免許を受けるべし」（兵庫県「規則」第三条）、「人夫請負営業を為さんとする者は、横浜水上警察署に願出て許可を受けるべし」（神奈川県、一九一一年「規則」第二条）

第二は、仲仕業を経営する者に組合の設立を求めたことである。「仲仕業者は組合を設け、その組合に加入すべし」（兵庫県「規則」第五条）、「組合は事務所を設け、組合長一名、副組合長一名または二名を選定し、所轄警察官署に届出、認可を受けるべし」（同第六条）、「人夫請負営業者は組合を設けるべし」（神奈川県、一九一一年「規則」第二二条）、「組合は組合員より組長一名、副組長一名を選定し、五日以内にその就任の年月日及び氏名を横浜水上警察署に届出るべし…横浜水上警察署は組合において選挙したる組長または副組長を不適任と認めたときは、その改選を命ずることがある」（同二三条）「組合は規約を設け、横浜水上警察署に申請し、認可を受けるべし」（同第二四条）

第三は、神奈川県の「規則」にみられるものであるが、各種「人夫」を「定雇」と「臨時」に区分し、人夫数を把握しようとしたことである。「人夫の種類を甲種人夫、乙種人夫の二種とし、特定の雇主（人

夫請負営業者―注）に定雇されるものを甲種人夫、臨時に雇われる者を乙種人夫とする」（一九一一年「規則」第三条）

仲仕業者と仲仕の人数

それでは、こうした仲仕業を経営する業者とその配下の所属労働者（仲仕）はどれほどいたのだろうか。

日本の資本主義成立期におけるその数が全国レベルで分かる史料は存在しない。ただ、神奈川県が新たに県令を発出した一九一一（明治四四）年時点の横浜港における人数は、以下のとおりである。人夫請負営業者数二三人、配下の所属人夫数一七一五人（一業者当りの平均人夫数、七五人）。ただし、このなかには先に述べた「沿岸人夫」は含まれていない。「沿岸人夫」の請負営業者数は三〇人、所属人夫数は九五八人（一業者当り人夫数三二人）である。

こうした仲仕業の業者数と配下の所属労働者（仲仕）数は、その後の経済の発展とともに増えていった。だいぶ後のことになるが、一九三五（昭和一〇）年頃における全国の仲仕業者数は八九九人、その所属労働者（仲仕）数は二万九五九九人（一業者当り労働者数三三人）である。また、所属労働者数が多い上位一〇道府県を業者数とともに示せば以下の通りである。

①北海道、所属労働者数五二一一人、業者数一三八人、②愛知四七七三人、五一人、③東京四〇三六人、八九人、④兵庫三五七八人、一一四人、⑤福岡二三八九人、六一人、⑥大阪二二五〇人、一八九人、

⑦広島一七〇一人、一二人、⑧新潟七四四人、二八人、⑨神奈川七三〇人、一五人、⑩山口六七七人、二七人

所属労働者数をみれば、以上の一〇道府県のなかでも北海道、愛知（一九〇七年名古屋港が貿易港として指定される）、東京、兵庫が特に多い。ただ、業者数をみれば、大阪がもっとも多い。一業者当りの平均所属労働者数は、北海道三八人、愛知九四人、東京四五人に対し、大阪は一二人である。大阪の仲仕業は比較的小規模なものが多かった。

なお、資本主義成立期に仲仕業が盛んだった神奈川県は、この時点では所属労働者数も業者数も少なくなっている。港湾荷役労働の機械化が進んだためなのか、その理由はよく分からない。

仲仕業の個別史

こうした仲仕業を営む業者は、どのような人びとだったのだろうか。知りうる範囲で何人かの業者を紹介することにしたい。

まず、神戸港で沖仲仕を供給する二つの組である。

Y・Tは一九〇一（明治三四）年、神戸労働株式会社を設立。海上・陸上の仲仕や土工、各種人夫の供給と工事の請負を始めた。その後業務が次第に衰退していったため、二八（昭和三）年会社名を関吉組に改称し、業務も沖仲仕供給業一つに定めた。三四（昭和九）年現在の所属労働者数は五〇四人、一年間の延供給労働者数は一二万〇千人である。

F・Kは神戸港で沖仲仕の供給業を行なっていた倉橋組の「小頭《こがしら》」（後述）として就労していた。同組の業務拡大とともに労働者が増えていったため、一九〇七（明治四〇）年頃独立して藤原組を設立、倉橋組の業務の一部を下請として担うようになった。三四（昭和九）年現在の所属労働者数は三三人、一年間の延供給労働者数は七千一二八人である。

次は、同じく神戸港で浜仲仕を供給する二つの組である。

O・Sは先代が営む海陸運送業の組合合資会社の「小頭」として就労していた。一九一五（大正四）年独立し大西組を設立、浜仲仕の供給業を開始した。三四（昭和九）年現在の所属労働者数は九〇人、一年間の延供給労働者数は二万一千人である。

M・Yは、先代が一八九三（明治二六）年大浜組を設立、それを引き継いだ浜仲仕供給業者である。三四年現在の所属労働者は五〇人、一年間の延供給労働者数は九千二一〇人である。

次に、一九〇七（明治四〇）年貿易港として指定された名古屋港では、指定とほぼ時を同じくしてK・Hの愛三組とY・Yの山本組の二組が沖仲仕業を始めた。その後名古屋港の業務拡大とともに沖仲仕業も盛んになった。一七（大正六）年、Y・Rの大西組が開業し、次いでN・Tの中島組、O・Gの藤原組、M・Iの名港組などの開業が相次いだ。三五（昭和一〇）年現在の所属労働者数は以下のとおりである。愛三組七一人、山本組四七人、大西組一三五人、中島組三六人、藤原組七三人、名港組四五人。

二　仲仕業の経営・労務管理

指揮命令系統

仲仕業の仕事は、荷主の依頼を受けた海運会社からの注文を受けて仲仕を動員し、その注文に応えることにある。仕事をするうえで重要な役割をはたすのは、業者の配下にいる「小頭」である。「小頭」との関係で業者は「組頭《くみがしら》」と呼ばれている。その組織系統を三つの組について示せば、以下のとおりである。

O組では組頭のもとに七人の「小頭」がおり、一人の小頭に一〇人から一五人の仲仕が配属されている。また、G組では組頭の下に「取締」と呼ばれる者が一人存在し、そのもとに一三人の「小頭」がいるが、仲仕は作業の内容によってそれぞれの「小頭」に配属される。もう一つの別のO組では組頭のもとに二〇人の「小頭」がいるが、G組と同じように、仲仕は作業の内容によってそれぞれの「小頭」に配属される。

仲仕は毎月特定の場所（港湾内の詰所など）に集合し、作業現場に向かう。沖合での作業のばあいは「ランチ」と呼ばれる小型船に乗って現場の本船に向かう。このように仲仕を集合させ現場へ送り込み、そこで作業の指揮・監督をするのが「小頭」だった。仲仕の労働は熟練した重筋労働だったが、作業用具が必要なばあいは組頭が、あるいは「小頭」がみずから所有する用具を仲仕に貸与した。作業用具は、シャベル、モッコ、ワイヤー、手カギ（鳶口）などである。

手数料と賃金

業者である組頭は注文主の海運会社などから「請負金」の支払いを受けた。「請負金」は正確には「揚積屯《あげづみとん》請負」金といい、荷役の業務量一トン当り一三銭から一五銭とされた。組頭はその「請負金」から一定の手数料を取得し、残りを仲仕への賃金として支払われた。手数料は利益金、作業用具の使用代、賃金からのマージン料からなり、その総額は「請負金」の二割ないし三割だった。

このように組頭の手数料の残りが仲仕の賃金といっても、手数料のなかにすでに賃金のマージン料が含まれている。マージン料算出の方法には賃金の一定比率を差引く方法と一定額を差引く方法とがあった。前者の方が多かったようであるが、その比率は五％から三〇％だった。

それでは、最終的に仲仕が受け取る賃金（日給）はどれ位だったのだろうか。いまのところ、横浜港における一九三三（昭和八）年時点の甲種（定雇）人夫、乙種（臨時）人夫の平均賃金（日給）しか分からない。それを示せば次のとおりである。

沖人夫・甲種二円五六銭、乙種一円九六銭、沿岸人夫・甲種一円五一銭、乙種一円三七銭、筏人夫・甲種二円二七銭、乙種二円二四銭

仲仕のなかでも沖人夫の賃金が最も高く、沿岸人夫との賃金差が著しい。また、同年の日雇人夫の全国平均賃金（日給）が一円四三銭であることを踏まえると、沖人夫はそれよりも甲種で七九％、乙種で

三七％ほど高く、筏人夫でもそれより五八％ほど高い。これに対して、沿岸人夫の賃金は日雇人夫の賃金と同水準だった。

仲仕への賃金の支払いは、神戸港の沖仲仕のばあいは毎月二回（一五日、三〇日）、浜仲仕（横浜港でいう沿岸人夫）のばあいは一日遅れの毎日払いだった。

労働時間と就労日数

沖仲仕の一日の労働時間は、神戸港のばあい、午前六時から午後六時までの一二時間だった。沖仲仕の仕事はその内容からして夜間が無理であることは容易に想像されるが、具体的に労働時間が分かるのは同港しかない。

沖仲仕の一ヵ月の平均就労日数は、神戸港では一五日から二三日、名古屋港では一七日から一八日だった。浜沖仕の平均就労日数もほぼ同様で神戸港のばあい二〇日だった。一方、全産業の工場労働者の平均就労日数は一ヵ月当り二四・九日（一九〇六年）、二七・五日（二三年）、二六・九日（三三年）である。工場労働者と比較すれば、仲仕の就労日数は短かったと言える。仲仕の仕事は、沖仲仕でも浜仲仕でも雨天のばあいは休みとされている。屋外労働であるためのこうした気象的条件が、仲仕の就労日数の短かさを規定する要因だった。

こうした天候の問題を含めて仲仕の仕事には季節性があった。ただ、港によって事情は少し異なる。神戸港のばあい、沖仲仕の仕事は八月から一二月の時期が忙しく、四月から六月は閑散だった。同港の浜沖仕のばあいは、一二月と翌一月が忙しく、三、四月は閑散だった。これに対して名古屋港の沖仲仕は、春から夏にかけての時期が繁忙期だった。

このように港によって事情が異なり、一概に言えないが、大まかにみて仲仕の仕事は夏と冬が忙しかった。

「小頭」と「部屋」経営

上記のような環境のもとで就労する仲仕の年齢・家族構成は、どのようなものだったのだろうか。まず神戸港の沖仲仕についてみると、年齢は二〇歳から六〇歳までで平均三二歳、独身者は四割、世帯持ちは六割である。また横浜港の業者A・K配下の沖仲仕一三八人の平均年齢は三四歳、独身者は五八人（全体の四二％）、世帯持ちは八〇人（同五八％）である。また名古屋港の沖仲仕約二〇〇人についてみると、年齢は二、三〇歳代独身者と世帯持ちの割合は半々である。「浜沖仕」（神戸港）のばあいは、年齢は一八歳から五八歳までで平均は三三歳、独身者と世帯持ちの割合は半々である。

このようにみると、沖仲仕でも「浜沖仕」でも平均年齢は三二、三歳、家族構成では独身者半数、世帯持ち半数だった。

それでは、こうした仲仕（とくに沖仲仕）はどのように居住していたのだろうか。独身者の仲仕と世帯持ちの仲仕とでは、居住の形が異なっていただろうことは容易に想像される。ただ史料に出てくるのは前者、独身者を対象とした「小頭」による「部屋」経営である。

横浜港で沖仲仕業を営む前出A・Kのばあい、独身者五八人は以下の七つの「部屋」に収容されていた。

坂口部屋（六人）、沖部屋（一五人）、中島部屋（四人）、竹内部屋（一二人）、清水部屋（一二人）、酒井部屋（一人）、川村部屋（八人）

「部屋」は木造で「宿泊料」として一人一ヵ月二円ないし四円が徴収された。食事が提供されたが、「宿泊料」にはその代金は含まれていない。史料には「小頭」という言葉は出てこないが、上述のような「部屋」経営を行なう〝部屋頭〟とでも言うべき者が存在したことは確かである。

神戸港の関吉組のばあい、神戸労働株式会社時代より引き継いだ「寄宿建物」四棟、三八戸があった。それを配下の何人かの「小頭」に一ヵ月一五円から二〇円で貸出し、「小頭」はそのもとで「労働下宿」（「部屋」）の経営を営んだ。「労働下宿」は一戸当り五人から一〇人を収容した。「下宿料」は一人一円六〇銭から八〇銭で、ひと月二回の賃金支払日にその中から差し引かれた。

名古屋港の沖仲仕業では、港付近に住んでいない独身の沖仲仕は仕事の便宜上、「小頭」が経営する「部屋」に「下宿」する者が多いとされている。「部屋」の規模は大小さまざまで、普通の家屋の二階を「部屋」とする者が多かった。当時六畳一間に三、四人が住んでいた。一ヵ月の宿泊費は一五円から二二、三円だった。

前述したように、沖仲仕の半数を占める世帯持ちの居住形態は分からない。ただ、「小頭」、「小頭格」の者が沖仲仕の生活・居住空間を統轄していたことは、間違いない。

それはどのような事情から生まれたのだろうか。理由の一つは、要請に応じて沖仲仕がいつでも出勤し、敏速に作業をしなければならないという港湾荷役の特徴である。東京地方職業紹介事務局は、こう述べている。

「求人者（海運会社—注）と請負業者（沖仲仕業—注）との関係を見ると、大量の貨物を極めて敏速に積卸する必要があるため、これに必要な人夫（沖仲仕—注）の供給者は、大量で統制ある熟練者を敏速に紹介できる者でなければならない。請負業者は数戸の部屋を有し、何時でも出勤できる大量の人夫を宿泊させているため、求人者が要求する人夫を敏速に供給することができる」

二つめの理由は、上記の引用文にもあるように、沖仲仕は熟練労働者であり、需要に応じてその都度募集することは困難で、常に一定数を確保しておかなければならないという事情である。実際、名古屋地方職業紹介事務局は次のように述べている。

「熟練工的存在である仲仕のような労働者は…供給業者（組頭—注）、小頭、労働者の関係は所謂親分、乾《こ》分の関係にあるため、募集の必要性も弊害も少ない」

以上のように、「小頭」や「小頭格」よる沖仲仕の生活・居住空間の管理は、港湾荷役特有の労働市場のあり方にもとづくものだった。

港湾荷役の仕事は、もちろん、組頭下の熟練ある所属労働者だけで常にこなせたわけではない。業務量によっては無所属の労働者を集めなければならない。臨時にこうした無所属の労働者を募集する役割を担ったのは「小頭」である。

ただ、無所属の労働者を臨時に集める（募集する）必要性が生じたばあい、重要なのは、自然に参集する〝アンコー〟と呼ばれる人びとである。彼らは、港湾の突端などその付近を動き回り、出入りする船舶と積荷の状況、その所属先と担当業者を素早く判断して自然に参集する労働者である。神戸港の「アンコー」について次のような記述がある。

「港湾特有の労働者『アンコー』と称する者は二六時中（終日―注）突堤《とってい》に集団して居り、出入りする船舶の状況、その船舶に対する既定の供給業者、揚積される貨物の種類、数量を逸《いち》早く承知し、自然に参集するのが通例である」

こうして集まった「アンコー」は、所属労働者一人に対して二、三人が配置されて作業を行なった。賃金は所属労働者と比べて「割合に良」かったとされている。また、こうした「アンコー」は、特定の組で就労を重ねるうちに「自然に小頭と因縁関係が生まれ、その後その組の不時の場合は、特に就労の通知を受けるなど所属に準ずる者になる」とされている。

このように港湾荷役の労働は、自然に参集する無所属の労働者に少なからず支えられていた。

ただ、急を要するばあいの無所属労働者（その一部）の募集を担っていたのが「小頭」であることも事実である。「小頭」は、最初に指摘したように沖仲仕（所属労働者）を現場に送り込み、作業の指導・監督をする一方、彼らの生活を「部屋」の経営で管理し、必要に応じて募集活動もする存在だった。

三 「仲仕業」をどう捉えるか

仲仕業は、組頭（業者）のもとに何人かの「小頭」がおり、彼らが仲仕の作業・生活管理と時にはその募集も行なうという組織体制をとっていた。組頭と「小頭」の間に、「小頭」と仲仕の間には親分・子分関係にもとづく強い人間的結びつきがあった。

マルクス主義はこうした側面を重視して、親方（組頭）制度や「人夫部屋」を〝封建的労働組織〟（資本主義に組み込まれているという意味では「半封建」的組織）と捉えてきた。しかしこうした捉え方は、三つの点で問題がある。

一つは、仲仕業とその組織体制は資本主義の成立にともなう貿易と海運の発展によって生まれたものであり、江戸時代（この時代を封建制と規定していいかどうかは別として）には存在しなかった（港で働くなにがしの人びとがいたとしても）。

二つめの問題点は、仲仕業の組織のなかにある親分・子分関係は、マルクス主義が説く封建制社会の身分制的な関係（領主・領民）ではない。人格的な依存・結合関係である。こうした人間関係は、資本主義経済のもとでも近代の民主々義社会においても存在する。

三つめの問題点は、マルクス主義は仲仕業を生産・労働現場の人間関係から捉えているが、そうした組織が成立する背景、労働市場の問題をまったく考えていない。

前述したように、港湾荷役の特徴とその熟練性から仲仕を常に一定数確保しておかなければならないという事情が、そうした組織を生み出した。このことを踏まえれば仲仕業は、海運会社などの注文主に対して仲仕を供給する労務供給請負業である。この点で仲仕業は、第五章で述べた石炭鉱業の「納屋制度」と共通している。

実際、一九三四（昭和九）年労務供給請負業を調査した福岡地方職業紹介事務局は、こう述べている。

「若松港の仲仕は組頭によって統轄されており、各地の港湾労働者の状態と大差ない…炭山の納屋制度と関係が深いことを知ることができる」

そしてこうした組織、納屋頭などの「親方制度」について、慎重な言い回しながら次のように記している。

「親方制度を直ちに供給人制度（労務供給請負業―注）と断ずることは早計であるが、少なくとも親方制度の主たる内容は、労力供給人制度であると言うことができる」

このように観察したうえで、近代の九州地方の産業発展が労務供給請負業としての「納屋制度」の普及によってなされたとして、こう描いている。

「九州地方の近代的産業労働の過程を考えてみると、金属山から炭山、港湾労働、工場労働者という順序で開けて行ったが、労働者の統制形態は、長い間炭山で納屋制度が行なわれ、この風潮が北九州一帯に深く浸み込んできた」

このようにみると、一九三〇年代初頭マルクス主義が誕生した（「日本資本主義発達史講座」の刊行、「三二年テーゼ」の発表）同時期の行政機関の方が、仲仕業などの親方制度について正確な捉え方をしていた。その違いは前者の実態調査をふまえない観念的思考による労働市場の無視から生まれたものである。

終章

「マルクス史観」破綻の構造

一　人間・人権・労働市場

人間・人権の問題

以上、日本経済史に即してマルクス資本主義史観の裏側の実像を明らかにしてきた。「マルクス史観」で見えなかったのは、人間・人権の問題と労働市場の問題である。

農業を「半封建的」地主制を中心に捉える見方は、農作物の消費者である需要サイドの視点を欠いていた。そうした視点に立てば、近代日本の農業の全体像を知ることができる。「半封建的」地主制論は、そもそも人びとは何を食していたのかという人間の視点が欠落していた。

政府の歳入に占める酒税の重要性を捉えることができなかったのは、地租を介した地主「階級」と国家の構造的な結合関係という誤った「理論」に縛られていたためである。

酒を飲むことは、江戸時代にはすでに庶民の生活のなかに入っていた。近代になって働く人びとは増えた。近代の労働からくる精神的・肉体的緊張は飲酒率を高めたのではないか。そうした素朴な人間の視点に立てば、酒造業やそれに対する課税（酒税）はどうなっていたのかという問題意識が生まれる。特に、酒造業は、典型的な在来産業である。日本は、創業一〇〇年はもちろん、創業五〇〇年、一〇〇〇年という〝長寿企業〟が世界のなかで最も多いとされている。そのうちの少なからぬ企業は酒造業である。そうした〝長寿企業〟を支えてきた人びとのことを考えれば、マルクスがいう二部門（生産手段生産部門、消費財生産部門）の近代産業を中心に経済史を論じそれに満足することには、迷いが生じたはずである。

機械工業の職工の意識も、理論が想定するような「階級意識」とはまったく違ったものだった。他人に雇われて就労すること（雇用労働）を良しとしない社会からは差別され、工場内では「監督者」の不正がはびこる不条理な経営のため人権が無視されるような状態にあった。

資本主義の成立期に労働争議が多発したことは事実であるが、そのうちの少なからぬ争議は職場の人権にかかわるものだった。この時期の争議に対するこれまでの理解は、資本と賃労働という二項対立に立っていたため、人権という人間の根本にかかわる問題を認識することができなかった。

資本主義の成立と労務供給請負業

マルクス主義にもとづくこれまでの近代日本経済史研究では、繊維工場と機械工業はそれぞれ異なった特徴をもつものとして対比的に論じられてきた。

すなわち繊維工業では、女工の低賃金、長時間労働、人身拘束的な生活管理などの構造的側面が強調され、機械工業ではこうした構造を変える変革主体形成の側面が重視されてきた。そして石炭鉱業については、〝特有〟の制度〝封建的労働組織〟として「納屋制度」が指摘されてきた。

しかしこれらの三つの産業は、港湾荷役の仲仕業を含めて、共通した重要な側面をもっている。それは、いずれの産業も労務供給請負業につよく依存するか、あるいはその業種そのものだったことである。

繊維工場の女工の募集は、「募集人」、「紹介人」などと呼ばれる個人の労務供給請負業務につよく依存していた。また、「募集人」、「紹介人」による女工の工場間回しは、女工との間に一種の人格的支配、従属関係があったという意味で、両者は一種の「親分子分」関係的な側面をもっていた。

機械工業における工場人夫の多くも、供給請負業に依存していた。「人夫部屋」と呼ばれるものは、機械工業の発展過程で造られており、それはけっして〝封建的労働組織〟ではなかった。供給業者による人夫労働市場の「囲い込み」として、それを捉えることができる。

石炭鉱業の「納屋制度」も、港湾荷役業の仲仕業も、それぞれ特有の労働市場に即応した、納屋頭、組頭による労働市場の「囲い込み」として理解する必要がある。

以上のように、いずれの産業も労務供給請負業と分かちがたく結びついていた。

ただ、それぞれの産業における労務供給請負業の違いは、供給する労働者を業者が工場外の人的関係（人格的支配・従属関係）で掌握しているか（繊維工場の女工）、ある種の力でもって「囲い込み」施設（人夫部屋、納屋、仲仕宿舎）に収容しているかどうかの点にある。ただ、後者もたんに力だけではなく、それを受容する人格的支配・従属関係があった点では、前者と同じである。

これまでの議論では、近代に入ると機械を使用する熟練労働者が初めて登場するようになったとされてきた。それは間違いではないけれども、資本主義の成立や工鉱業の発展は不熟練労働者に対する需要を急速に増大させたことも事実である。上述のような多くの分野にみられる労務供給請負業は、こうした不熟練労働者の市場を開拓し発掘する必要性から生まれたものである。

資本主義の成立は、それに対応した労働市場が自動的に成立したことを意味するわけではない。機械工の意識にみられるように、他人に雇われて就労することを良しとする社会的規範は十分に確立されていなかった。不熟練労働者でも同じだっただろう。労務供給請負業者は人格的支配・従属関係を作り出すことによって市場を開拓し、供給労働者をしばしば収容施設に囲い込んだのである。十分実証されていないが、そうした構造が人権侵害の行為を誘発した。

マルクス主義は、近代日本におけるこうした人権の問題を捉えることができなかった。それらの問題はすべて、日本資本主義の「半封建制」にもとづく搾取・収奪による〝貧困〟の問題として認識した。

この難点は、ひとえにマルクス主義には労働市場論がないことに由来する。これまで繰り返し述べてきたように、マルクス主義は常に「生産過程」を重視してきたからである。マルクス主義者は以下のように述べている。「労働力がまさに労働力たることを実証するのは、ほかならぬ生産過程においてである。労働力は資本の支配する生産過程において、その生産機構の特質に応じて特有の性格を刻印される。近代産業の生産手段体系は、労働市場において如何に前近代的な性格を持っていた労働力であろうと、その生産過程の技術的、社会的訓練によって、これを近代的労働力に鍛え上げていく」

この言説は、どのような人間でも「生産過程」で最終的には「労働者階級」に鍛え上げられていくという「革命」哲学を語っている。ただ〝どのような人間でも〟という表現のもとに、生身の人間の多様性を見ようとする想いがない。そのため、労働市場に参入する、参入させられるさまざまな人間とそれをめぐる人間関係を解き明かそうとする問題意識を欠くことになった。

近代の資本主義は労使（資）関係を創り出したという理論にとらわれたため、労働市場における労・労関係という新しい問題を生み出したことを見落とすことになった。

二　資本主義「世界」の労務供給請負業

労・労関係を生み出した労務供給請負業は、日本の資本主義に特有の存在だったのではない。資本主義「世界」を見渡せば、それはかなり広くみられた存在だった。ここでは、資本主義発祥の地イギリスと西欧の植民地下にあったアジアの労務供給請負業についてみることにしたい。

イギリス

徳永重良氏の研究（一九六七年）によれば、イギリス資本主義成立期（一八〇〇年代前半）の紡績業の中心的な熟練労働者＝精紡工は、糸継ぎ工や補助工などの不熟練労働者をみずから雇い、精紡工に支給される賃金の中からごく僅かな賃金をかれ（かの女）らに支給していた。

精紡工がどのような形で不熟練労働者を募集したのか、かれ（かの女）らの生活まで管理していたのかどうかは分からない。ただ、経営側からみれば、工場の経営に必要な不熟練労働者を精紡工の労務供給請負業務に依存していたことは確かである。

このことは、堀江英一氏の研究（一九七一年）を振り返ればいっそう明らかである。すなわち、イギリス資本主義成立期の紡績工場では、工場主は職場を「集団請負制」を担う多数の作業集団に分割し、その「集団請負制」の責任者は精紡工が担っていた。同氏が揚げた表を筆者なりに分析すると、一八三三年時点の紡績工場の労働者構成（総数一万五五三一人）は、次のとおりだった。

成年男子五一六三人（総数の三三％）、成年女子一一八九人（八％）、一八歳未満の未成年男子六五四九人（四二％）、未成年女子二六三〇人（一七％）

そして、未成年男子の八九％、未成年女子の八七％は、成年男子の精紡工によって雇用された者だった。この精紡工に雇用された未成年者の多くは、糸継ぎ工や掃除工などの不熟練労働者だった。

以上のように、イギリス資本主義成立期の紡績業における精紡工は、経営側からすれば、不熟練労働者の募集、斡旋をかれらに依存したという意味で、作業請負を担った労務供給請負人としての性格をもっていた。

こうした紡績業の雇用関係＝二重雇用制度・労労関係は、先の徳永氏の研究によれば、同じ時期の機械工業の一部や石炭鉱業などかなり広範な産業部門で採用されていた。

たとえば機械工業では、その担い手であるクラフツマン（万能工的な熟練労働者）は作業遂行上、雇主からのある程度の独立性をもっていた。クラフツマンから選ばれた職長は、雇主から一定の作業を請負い、みずから雇い入れた労働者でもって作業を遂行させ、請負価格と配下労働者に支払った賃金の差額を「利潤」として取得していた。すなわち、この請負制のもとでは、請負親方である職長は、労働者の雇用、解雇、配置、作業監督、指揮命令、賃金決定など広い範囲で権限をもっていた。

以上のことも、雇主側からすれば、職長は作業請負を担う労務供給請負人としての性格をもっていたと言える。

藤本武氏の研究（一九八四年）によれば、一九世紀のイギリスでは、ほかの産業でも同じような労務供給請負業が展開していた。

すなわち、バッティ（butties）、親分（gaugers）、沖仲仕（lumpers）などの親方労働者が、それぞれ石炭鉱業、建築業、港湾荷役業において、労働者を配下の者として雇い入れ、みずからの収入のなかから彼らに賃金を支払っていた。

一九世紀イギリスの建設業について詳しくみると、naviesと呼ばれた土工たちは、運河の掘削、道路の造成、港湾建設、鉄道トンネル工事などで各地を転々と移動する〝組〟（gang）に雇われていた。そこには、日本の「親方制度」や「組頭制度」に近いギャング・システムが存在していた。親方は作業を請負うとともに、配下の労働者を施設内に収容し、トミー・ショップ（施設内食料品販売所）で食料などの生活必需品を法外の値段で売りつけ、賃金からその分を差し引いていた。

以上のように、資本主義の成立期あるいは一九世紀のイギリスにおいても、多くの産業部門で作業請負をともなった労務供給請負人（その名称はさまざまだが）が存在していた。

植民地アジア

こうした労務供給請負業は、植民地時代のアジアにも存在した。

藤本氏の研究によれば、第二次世界大戦前インドの工場の「ジョッバー制度」は、作業請負をともなった労務供給請負業そのものだった。すなわちジョッバー（jobbers）は、村落で労働者を集める「募集人」として活動しつつ、かれ（かの女）らを工場で管理・監督する職長あるいは下位使用者（sub-employer）として幅広い権限があたえられていた。その権限は、住居の付与、作業訓練、昇格、懲罰、休日の付与などにおよんだ。

藤本氏はまた、旧インドシナにおける「カイ制度」（cais）も労務供給請負業の視点で捉えている。すなわち「カイ制度」は、現地語（マンナン語）を知らないヨーロッパ人経営者が「カイ」という仲介者と契約し、「カイ」に労働者の雇用、作業組織の編成、賃金の支払いなどの権限を委託する制度だった。また、「カイ」の一つのタイプとして、たんに労働者の募集のみをおこない、かれ（かの女）らを工場に供給する「カイ」も存在した。

以上述べてきたように、近代日本においても、一九世紀イギリスにおいても、植民地時代のアジアにおいても、労働者（とくに不熟練労働者）の募集において、労務供給請負業は共通して必要とされた存在だった。また、労務供給請負人が募集した（経営側からみれば供給された）労働者の多くが不熟練労働者だったことと同じ事情で、供給請負人はしばしば作業請負をも担った。

供給請負人と労働者との間には、市場の開拓・発掘の過程で、あるいはそれ以前に存在していたさまざまな形の「縁故」という関係で、多くのばあい人格的支配・従属の関係が存在していた。その点で労務供給請負業は、人権侵害を誘発しやすい側面をもっていた。

とくに供給請負人が労働者をみずからの施設に収容し確保しておくばあいは、人権侵害の側面がより強まったことは、容易に想像される。供給請負人が労働者をみずからの施設に収容しておくか、そうでないかは、大きな違いではある。ただ、労務供給請負業が人権侵害を誘発しやすい構造のもとに置かれていた点では、両者に本質的な違いはない。

したがって、労務供給請負業者がもつ収容施設について、前者には考えが及ばず後者だけを取り出して、これを〝封建的労働組織〟と規定するのは誤りである。そこには、「封建制」を克服し近代化・民主化されれば、人権侵害の制度や構造は消滅するという理解がある。それは、間違った歴史認識である。このことは、あらためて次に述べる。

三　「労働市場」の人権論と「生産過程」の革命論

「労働市場」の人権論

労働市場は、自然に自動的に成立したのではない。それは、人格的支配・従属関係や「縁故」関係などを利用した請負業者によって開拓された。繰り返しになるが、その意味で労務供給請負業は人権侵害を誘発しやすい側面をもっていた。

こうした労務供給請負業は廃止されるのは、日本のばあい終戦後のことである。

一九四七（昭和二二）年八月政府は、日本国憲法発布（同年五月）後の最初の国会（第一回国会）に「職業安定法案」を提出した。同法案は衆議院労働委員会に付託され、審議が開始された。そのさい政府側は、提案理由について、「職業行政本来の目的は国民に対して奉仕することにあり、新憲法の制定によって基本的人権の尊重が確立せられた今日におきましては…新憲法の精神に則る法律を制定する必要ができたのであります」とし、さらに次のように述べている。

「本法案の目的とするところは、他人の勤労の上に存在する労働者供給事業を禁止しようとするものであります。即ち、労働組合法（一九四五年一二月公布）による労働組合が労働大臣の許可を受けて行なうものの外、従来多く行なわれてきた労働者供給事業は、中間搾取を行ない労働者に対する不当な圧迫を加える例が少なくないのに鑑み、労働の民主化の精神から全国的にこれを禁止しようとするものであります」

以上の提案理由を法案の条文に即してみると、労働者供給事業の禁止と労働組合がそれを行なうばあいの許可について以下のように規定されている。

「何人も第四五条で規定する場合を除くの外、労働者供給事業を行なってはならない」（第四四条）、「労働組合法による労働組合が労働大臣の許可を受けた場合は、無料の労働者供給事業を行なうことができ

る」（第四五条）

「職業安定法案」は、新憲法の三原則（国民主権、平和主義、基本的人権の尊重）のうち、基本的人権の尊重という精神に則って立案された。ただし同法案は、労働者供給事業一般をすべて否定したのではなく、労働組合がこの事業を行なうばあいは、これを法的に認めるとした点に特徴がある。法案の立案者がどこまで認識したのかは定かでないが、戦前の「女工供給組合」の経験が第四五条には継承されていた。

法案は国会における審議の結果可決され、職業安定法は四七年一一月公布、翌月から施行されることになった。ただ、労働組合法によって設立された戦後の労働組合の圧倒的多数が企業内組合だったため、組合による労働者供給事業はその後実現することはなかった。

マルクス主義を中心とする「戦後改革」研究は、この職業安定法の成立についてほとんど注目してこなかった。実際、戦前・戦後の主要な労働関連法を収録した史料集は同法を抄録しているが、肝心の第四四条、四五条を省略している。

それは、「戦後改革」を「反封建」の民主化という文脈で捉え、新憲法の一つの柱である〝基本的人権の尊重〟を軽視していたことによる。あるいは、基本的人権の侵害は「封建制」にもとづく抑圧と捉え、民主化（国民主権の実現）されれば、それはおのずと解消されるという間違った歴史認識があったのではないかと思う。

世界レベルで「世界人権宣言」がなされたのは、欧米や日本が近代に入ってからではなく、第二次世界大戦後の一九四八年一二月国連総会においてのことである。

「生産過程」の革命論

マルクス主義は、資本主義の「生産過程」を重視したため、上述のような労働市場と人権の問題を捉えることができなかった。

こうしたマルクス主義の資本主義史観に影響をあたえる一方、逆にそれを基礎として革命論を展開してきたのは日本共産党である。以下、同党の一九六一年綱領（戦後に確定した本格的綱領）と二〇〇四年綱領（それを見直したとされる綱領）に即して、その革命論の問題点を述べることにしたい。

二つの綱領に共通するのは、民主々義革命から社会主義革命（その後の共産主義への移行）へという二段階革命論である。同じく二段階革命論をとっていた戦前の「三二年テーゼ」では「反封建」の「ブルジョア民主々義革命」が提起されていたが、戦後の二つの綱領がいう「民主々義革命」は〝反帝反独占〟（アメリカ「帝国主義」とそれに「従属」する日本「独占資本」への反対）をその内容とする。

「独占」とは本来市場の公正な競争に依らず市場外での人為的な工作（カルテル、談合など）によってモノの価格が決定されることを指す。この「独占」と、レーニンが「帝国主義論」で展開した〝生産と資本の集積・集中〟による「独占資本」（「帝国主義」の経済的内実が「独占資本」）とは、明確に区別されなければならない。前者は市場の問題であり、後者は生産の問題である。前者は、独占禁止法（日本のばあい一九四七年制定）による法的規制の対象であり、後者は、マルクス主義の立場に立てば社会主義革命の問題である。いずれにせよ、〝反帝反独占〟は民主々義の問題ではない。

したがって〝反帝反独占〟が、なぜ民主々義実現のための革命的課題なのかは、筆者には分からない。ただ、この民主々義革命のなかに、戦前の「三二年テーゼ」と同じような「反封建」の内容が含まれていることは確かである。事実、六一年綱領は「行動綱領」として、「党は、社会の諸方面にのこっている半封建的なのこりものをなくすためにたたかう」と提起している。その背景には、「アメリカ的なあたらしい搾取形態と戦前からひきつがれた遅れた搾取形態との並存」（搾取のアメリカ的形態と戦前日本的形態）という、一般常識では理解できない認識があった。

共産党を中心とする戦後の「民主化」勢力が〝古い（と思われる）こと〟、〝遅れている（と思われる）こと〟に対して、すべて否定語としての「封建的」という言葉を多用してきた背景はここにある。そのことによって、その言葉の一部の背後にある現代的な人権問題を捉えることができなかった。

「民主々義革命」から移行する「社会主義革命」については、「国有化」、「社会化」という表現が重要な概念になる。

六一年綱領は「国有化」について、「独占資本の金融機関と重要産業の独占企業の国有化への移行をめざす」と記している。一方「社会化」については「生産手段の社会化」と規定し、こう述べている。「資本主義制度にもとづくいっさいの搾取からの解放、まず（貧）しさからの最終的な解放を保障するものは…生産手段の社会化、生産力のゆたかな発展をもたらす社会主義的な計画経済である」

この文章では、独占的金融機関・企業の「国有化」と「生産手段の社会化」の関係がまったく分からない。ただ、一つ言えることは、「生産手段の社会化」は「計画経済」と結びついて「生産力のゆたかな発展」をもたらし、いっさいの「搾取」からの解放を実現するという、マルクス主義の古典的な思想が語られていることである。生産力の発展を無条件で是とする考えは、共産主義になれば「生産力のすばらしい発展」が打ち立てられるとしている点からも明らかである。

六一年綱領における「国有化」と「生産手段の社会化」の関係の不明瞭さは、二〇〇四年綱領で少し解消されるが、それでも理解不能である。

すなわち二〇〇四年綱領では、冷戦下のソ連を中心とする社会主義国の国有企業の破綻から学んだためであろうか、社会主義革命下の企業の「国有化」を否定している。一方で、「生産手段の社会化」の方はより詳しく論じられている。

すなわち社会主義革命の中心は、「主要な生産手段の所有・管理・運営を社会の手に移す生産手段の社会化である」と規定している。ただ、「生産手段の社会化」を生産力の発展、計画経済、搾取の廃止と結びつけて論じている点は、六一年綱領とまったく同じである。

「生産手段の社会化は…物質的生産力の新たな飛躍的な発展の条件をつくりだす」、「生産手段の社会化と経済の計画的運営」、「生産手段の社会化は、人間による人間の搾取を廃止し、すべての人間の生活を向上させる」

以上のように、「国有化」とは異なる「生産手段の社会化」をより詳しく論じているのが、二〇〇四年綱領の特徴である。

しかし、計画経済と結びつき、物質的生産力を飛躍的に発展させ、人間を搾取から解放する「生産手段の社会化」とは具体的にはどういうことなのかは、理解不能である。読む者に疑問を生じさせないようにするためか、同綱領は「生産手段の社会化はその所有、管理、運営が、情勢と条件に応じて多様な形態をとりうるものであり、日本社会にふさわしい独自の形態の探求が重要である」と記している。これは、熟語を重ねることによって文章を構成づけるレトリックで、何も語っていない。

「計画経済」を遂行する主体は中央政府（国家）であるから、それと結びついた「生産手段の社会化」は、「生産手段の国有化」以外ありえない。

そもそも、社会を構成する人びとの多様な価値観を共産主義の理念のもとで少しずつ掘り崩し、多数派を形成することによって革命を実現するという共産党の戦略からすれば、社会は革命国家に吸収されるのであり、「生産手段」の国家的所有と区別された社会的所有はありえないのである。

現代の企業はさまざまなステークホルダー（株主、金融機関、原材料調達・製品販売のための企業、顧客など）によって構成され、それぞれ法律によって保護されるとともに規制されている。（ステークホルダー論については株主中心の是非という問題があるがここでは論じない）。現代の企業は、マルクスが生きた二〇〇年前の企業とは形をまったく異にしている。

「生産手段」を所有する企業の社会化＝国有化は、ステークホルダーを一挙に排除するために法律を無視した暴力的な形態をとらざるをえない。ステークホルダーと法律を尊重した「平和的」な「生産手段」の社会化＝国有化はありえない。「生産手段」の社会化＝国有化をめざすかぎり、共産党は常に「暴力」の問題を問われつづけるのである。

現代の企業はまた一方で、女性、障がい者、性的マイノリティなど社会的に「不利」な人々の雇用がもとめられている。そうした社会的に「不利」な人びとの人権、生存権を保障するために重要なことの一つは、〝労働参加〟である。そうした人びとの〝労働参加〟は、労働市場を構成するさまざまな就労支援組織によって支えられている（〝労働参加〟論には雇用形態の格差という問題があるがここでは論じない）。

「生産手段」の社会化＝国有化の根底にある思想、〝どのような人間でも「生産過程」で最終的には「労働者階級」に鍛え上げられていく〟という哲学からは、社会的に「不利」な人びとが、ありのままで労働に参加するという人権論は生まれてこない。

人権論を欠いたマルクスの哲学が権力と結びついたとき、どのような悲惨な出来事が起きたかは、私たちは十分知っている。

共産党が党名を変更し、人権・環境・ジェンダー、マイノリティーなどを重視した政党への転換を求める声の根拠は、ここにある。

社会経済に関する理論の科学性は何によって証明されるのかを追究したイギリスの哲学者カール・ポパー（一九〇二―一九四）は、マルクスの思想に内在する全体主義を批判し、それを「開かれた社会」に対する「敵」と表現した。共産党に対してその構成員が外（社会）で意見表明することを、内容の是非を問わず、すべて同党に対する〝攻撃〟と断罪する規約の中にそれは端的に示されている。

社会は政治的な「階級的支配」下にあり、社会がもつ公共性や自律性を認めないのが、共産党の社会観である。

上述のような共産党の政党モデルのチェンジは、この特異な社会観の転換なしには不可能だろう。

参考文献

序章

石井寛治『日本経済史〔第二版〕』東京大学出版会、一九九一年
井上光貞・永原慶二編『日本史研究入門』Ⅲ、東京大学出版会、一九六九年
大内　力『「経済学」批判』日本評論社、一九六七年
大塚久雄「中産的生産者層とその分解」（『大塚久雄著作集』第三巻、岩波書店、一九六九年）
――「資本主義の形成」（『著作集』〔第五巻〕）
尾高煌之助『職人の世界・工場の世界』リブロポート、一九九三年
楫西光速・加藤俊彦・大島清・大内力『日本資本主義の成立』東京大学出版会、一九五六年
――『日本資本主義の発展』東京大学出版会、一九五七年
斎藤幸平『人新世の「資本論」』集英社新書、二〇二〇年
――『ゼロからの「資本論」』NHK出版新書、二〇二三年
高村直助『日本資本主義史論』ミネルヴァ書房、一九八〇年
武田晴人・中林真幸編『近代の経済構造』東京堂出版、二〇〇〇年
永原慶二『歴史学叙説』東京大学出版会、一九七八年
――『二〇世紀の歴史学』吉川弘文館、二〇〇二年

西成田豊『経営と労働の明治維新』吉川弘文館、二〇〇四年
――「冷戦の崩壊と私の対資本主義認識」（『ＨＱ』二〇一一年冬号、一橋大学）
野呂栄太郎『日本資本主義発達史』鉄塔書院、一九三〇年（岩波文庫、一九五四年）
羽二五郎『明治維新史研究』岩波書店、一九五六年
『服部之総著作集』全七巻、理論社、一九五五年
平野義太郎『日本資本主義社会の機構』岩波書店、一九三四年
マックス・ヴェーバー著・大塚久雄訳『プロテスタンティズムの倫理と資本主義の精神』岩波文庫、一九八九年（原著はドイツ語、一九二〇年刊）
的場昭弘『二〇歳の資本論』ＳＢ新書、二〇二二年
山田盛太郎『日本資本主義分析』岩波書店、一九三四年

第一章

農商務省商工局工務課『職工事情』一九〇三年
東京地方職業紹介事務局『管内製糸女工調査』一九二五年
中央職業紹介事務局『本邦製糸業労働事情』一九二八年
――『紡績労働婦人調査』一九二六年
福岡地方職業紹介事務局『出稼女工に関する調査』一九二八年

農商務省工務局・商工局『工場及職工ニ関スル都府県令』一九一〇、一七年
阿部武司『日本における産地綿織物業の展開』東京大学出版会、一九八九年
――――『日本綿業史』名古屋大学出版会、二〇二二年
石井寛治『日本蚕糸業史分析』東京大学出版会、一九七二年
榎　一江『近代製糸業の雇用と経営』吉川弘文館、二〇〇八年
岡本幸男『明治期紡績労働関係史』九州大学出版会、一九九三年
ジャネット・ハンター著、阿部武司・谷本雅之監訳『日本の工業化と女性労働―戦前期の繊維産業』有斐閣、二〇〇八年
新藤竹治郎『日本綿業労働論』東京大学出版会、一九五八年
高村直助『日本紡績業史序説』上・下、塙書房、一九七一年
瀧澤秀樹『日本資本主義と蚕糸業』未来社、一九七八年
東條由紀彦『製糸同盟の女工登録制度』東京大学出版会、一九九〇年
中林真幸『近代資本主義の組織』東京大学出版会、二〇〇三年
西成田豊『近代日本の労務供給請負業』ミネルヴァ書房、二〇一五年
細井和喜蔵『女工哀史』改造社、一九二五年（岩波文庫、一九五四年）
松村　敏『戦間期日本蚕糸業史研究』東京大学出版会、一九九二年

第二章

中央職業紹介事務局『女工供給（保護）組合調査』一九二八年
名古屋地方職業紹介事務局『管内各県下における労働事情』一九二七年
高橋弁蔵「工女供給組合に関する調査」（『社会政策時報』第三二号、一九二三年五月）
桂　梟「本邦製糸業労働事情㈡」（『社会政策時報』第四一号、一九二四年二月）
社会局『労働法案に関する資料』一九二六年
社会局『第五十一、五十二帝国議会労働組合法案審議録』一九二八年
東京商工会議所『労働組合法案に関する調査』一九三〇年
日本工業倶楽部『労働組合法案に関する実業団体の意見』一九三〇年
矢野達男「労働法案をめぐる行政調査会議事録㈠㈡」（『阪大法学』一〇五、一〇六号、一九七八年）
木村清司『労働者募集取締令釈義』清水書店、一九二六年
中村政則『労働者と農民』小学館、一九九〇年（原著は一九七六年）
西成田豊『近代日本労資関係史の研究』東京大学出版会、一九八八年
――『近代日本の労務供給請負業』ミネルヴァ書房、二〇一五年
労働省『労働行政史』第一巻、労働法令協会、一九六一年

第三章

労働運動史料委員会『日本労働運動史料』第一〇巻、統計編、一九五九年
『三菱社誌』明治・大正各年
長崎造船所職工課『長崎造船所労務史』一九三〇年
三菱合資会社庶務部調査課『労働者取扱方ニ関スル調査報告書』第一部第一巻、一九一四年
平木泰治『造船所労働状態調査報告書』東京高等商業学校、大正八年修学旅行報告
沢井　実『日本鉄道車輛工業史』日本経済評論社、一九九八年
――『近代大阪の産業発展』有斐閣、二〇一三年
鈴木　淳『明治の機械工業―その生成と展開』ミネルヴァ書房、一九九六年
隅谷三喜男『日本賃労働史論』東京大学出版会、一九五五年
津田真澂『日本の都市下層社会』ミネルヴァ書房、一九七二年
富沢賢治『唯物史観と労働運動』ミネルヴァ書房、一九七四年
中川　清『日本の都市下層』勁草書房、一九八五年
西田長寿編集・解説『明治前期の都市下層社会』光生館、一九七〇年
西成田豊『近大日本労資関係史の研究』東京大学出版会、一九八八年
――『近代日本労働史』有斐閣、二〇〇七年
兵藤　釗『日本における労資関係の展開』東京大学出版会、一九七一年

山田盛太郎『日本資本主義分析』岩波書店、一九三四年
横山源之助『日本の下層社会』一八九九年（岩波文庫、一九四九年）
――『内地雑居後の日本』一八九九年（岩波文庫、一九五四年）

第四章

労働運動史料委員会『日本労働運動史料』第一巻、一九六二年
横須賀海軍工廠『横須賀海軍工廠史』第四巻、一九三五年
『工部省記録　鉄道之部』巻三六
農商務省商工局工務課『職工事情』一九〇三年
――『工場調査要領（第二版）』一九〇四年
友愛会機関紙『労働及産業』大正二年以降各年各月
遠藤元男『日本職人史序説』〈日本職人史の研究①〉雄山閣出版、一九八五年
鹿野政直『資本主義形成期の秩序意識』筑摩書房、一九六九年
西成田豊『経営と労働の明治維新』吉川弘文館、二〇〇四年
――『日本の近代化と民衆意識の変容』吉川弘文館、二〇二一年
西川卯三『安治川物語』日本経済評論社、一九九七年
ひろたまさき『文明開化と民衆意識』青木書店、一九八〇年

藤野裕子『民衆暴力』中公新書、二〇二〇年
枡本卯平『工場より観たる日本の労働生活』同文館、一九一九年
――『国家の将来と工場管理の標準』一九一八年
三宅宏司『大阪砲兵工廠の研究』思文閣出版、一九九三年
宮地嘉六『職工物語』中央労働学園、一九四九年
宮地正人『日露戦後政治史の研究』東京大学出版会、一九七三年
森　清『町工場―もうひとつの近代―』朝日新聞社、一九八一年
八木彬男『明治の呉及呉海軍』株式会社呉造船所、一九五七年
安丸良夫『日本の近代化と民衆思想』青木書店、一九七四年
――『文明化の経験―近代転換期の日本―』岩波書店、二〇〇七年
横山源之助『内地雑居後の日本』一八九九年（岩波文庫、一九五四年）
渡辺京二『逝きし世の面影』平凡社、二〇〇五年（初版は葦書房、一九九八年）
――『新編　荒野に立つ虹』弦書房、二〇一六年

第五章

農商務省鉱山局『鉱夫待遇事例』一九〇八年
長崎県勧業課『鉱山志料調』一八八四年

福岡地方職業紹介事務局『筑豊炭鉱労働者出身地調』一九三一年
内閣統計局『労働統計実地調査報告』一九二四年
日本銀行調査局『鉱山労働統計』一九二四年各月
『筑豊石炭礦業史年表』西日本文化協会、一九七三年
市原　博『炭鉱の労働社会史』多賀出版、一九九七年
上野英信編『近代民衆の記録2　鉱夫』新人物往来社、一九七一年
――『追われゆく坑夫たち』岩波新書、一九六〇年
――『地の底の笑い話』岩波新書、一九六七年
遠藤正男『九州経済史研究』日本評論社、一九四二年
大山敷太郎『鉱業労働と親方制度』有斐閣、一九六四年
荻野喜弘『筑豊炭鉱労資関係史』九州大学出版会、一九九三年
金子雨石『筑豊炭坑ことば』名著出版会、一九七四年
隅谷三喜男『日本石炭産業分析』岩波書店、一九六八年
――「納屋制度の成立と崩壊」(『思想』一九六〇年八月号)
社会経済史学会編『エネルギーと経済発展』西日本文化協会、一九七九年
正田誠一『九州石炭産業史論』九州大学出版会、一九八七年
田中直樹『近代炭礦労働史研究』草風館、一九八四年

――「筑豊石炭礦業発達史概要」(麻生セメント『麻生百年史』一九七五年、寄稿論文)
高野江基太郎『日本炭礦誌』一九〇八年
西成田豊『在日朝鮮人の「世界」と「帝国」国家』東京大学出版会、一九九七年
秀村選三他編『近代経済の歴史的基盤』ミネルヴァ書房、一九七七年
村串仁三郎『日本炭鉱賃労働史論』時潮社、一九七八年
――『日本の伝統的労資関係』世界書院、一九八九年
――『日本の鉱夫―友好制度の歴史』世界書院、一九九八年
森崎和江『まっくら』三一書房、一九七七年
山本作兵衛「筑豊炭坑物語」(『筑豊炭坑絵巻』葦書房、一九七三年)

第六章

梅村又次他『長期経済統計9 農林業』東洋経済新報社、一九六六年
加田信文監修『都道府県農業基礎統計』農林統計協会、一九八三年
農林大臣官房統計課『農林統計表』昭和各年
安良城盛昭『日本封建社会成立史論』上・下、岩波書店、一九八四、九五年
牛山敬二『農民層分解の構造―戦前期』御茶の水書房、一九七五年
大石嘉一郎編『近代日本における地主経営の展開』御茶の水書房、一九八五年

大内　力『日本資本主義の農業問題』日本評論社、一九四八年
――――『「経済学」批判』日本評論社、一九六七年
栗原百寿『現代日本農業論』中央公論社、一九五一年
――――『農業問題入門』有斐閣、一九五五年
佐々木潤之助『幕末社会論』塙書房、一九六九年
塩沢君夫・近藤哲夫編著『織物業の発展と寄生地主制』御茶の水書房、一九八五年
塩沢君夫・川浦康次『寄生地主制論』御茶の水書房、一九七九年
暉峻衆三『日本農業問題の展開』上・下、東京大学出版会、一九七〇、八四年
中村政則『近代日本地主制史研究』東京大学出版会、一九七九年
永原慶二・中村政則・西田美昭・松元宏『日本地主制の構成と段階』東京大学出版会、一九七二年
西田美昭『近代日本農民運動史研究』東京大学出版会、一九九七年
丹羽邦男『明治維新の土地変革』御茶の水書房、一九六二年
――――『形成期の明治地主制』塙書房、一九六四年
――――『地租改正法の起源』ミネルヴァ書房、一九九五年
尾藤英正『江戸時代とはなにか』岩波書店、一九九二年
福島大学経済学会編『寄生地主制の研究』御茶の水書房、一九五五年
古島敏雄『商品生産と寄生地主制』東京大学出版会、一九五四年

山田盛太郎『日本資本主義分析』岩波書店、一九三四年
リカード『経済学および課税の原理』(原著は一八一七年刊、羽鳥卓也、芳沢芳樹訳、岩波文庫)
渡辺尚志『浅間山大噴火』吉川弘文館、二〇〇三年

第七章

『明治大正財政詳覧』東洋経済新報社、一九二六年
農商務省商工局工務課編『工場通覧』明治四二年一二月末現在調査(一九一一年刊)
大阪地方職業紹介事務局『灘酒造業と労働事情』一九二六年
青木隆浩『近代酒造業の地域的展開』吉川弘文館、二〇〇三年
加藤慶一郎『清酒業の社会経済史』御茶の水書房、二〇二二年
樺山紘一・木村靖二・窪添慶文・湯川武編『クロニック世界全史』講談社、一九九四年
鈴木芳行『日本酒の近現代史』吉川弘文館、二〇一五年
谷本雅之『日本における在来的経済発展と織物業—市場形成と家族経済』名古屋大学出版会、一九九八年
都留　康『お酒の経済学』中公新書、二〇二〇年
中村隆英『戦前期日本経済成長の分析』岩波書店、一九七一年
――――『明治大正期の経済』東京大学出版会、一九八五年

――――編『日本の経済発展と在来産業』山川出版社、一九九七年
「日本鉄道会社工作課職工の統計」『社会学雑誌』四巻一一号、一九〇二年一一月二〇日（『日本労働運動史料』第一巻、一九六二年所収）
藤原隆男『近代日本酒造業史』ミネルヴァ書房、一九九九年
枡本卯平『工場より観たる日本の労働生活』同文館、一九一九年
松原岩五郎『最暗黒の東京』民友社、一八九三年（岩波書店復刻版、一九七七年）
宮地嘉六『職工物語』中央労働学園、一九四九年
柚木　学『近世灘酒経済史』ミネルヴァ書房、一九六五年
――――『酒造りの歴史』雄山閣出版、一九八七年
――――『酒造経済史の研究』有斐閣、一九九八年
――――『酒造経営史の研究』有斐閣、一九九八年

第八章

神戸市労働紹介所『労力供給請負業調査』一九三四年一〇月
社会局労働部『臨時職工及人夫ニ関スル調査』一九三五年三月
社会局職業課『労力供給業ニ関スル調査』一九三七年一二月
――――『労力供給請負業ノ現況』一九三七年一二月

東京地方職業紹介事務局『労力供給請負業ニ関スル調査』一九三五年六月
——『横浜港ニ於ケル仲仕労力供給請負業ニ関スル調査』一九三五年六月
——『横浜地方ニ於ケル土木建築・工場雑役労力供給請負業ニ関スル調査』一九三五年六月
——『東京大島地方ニ於ケル工場雑役労力供給請負業ニ関スル調査』一九三五年六月
『仲仕業取締規則全執行心得』(編著、年次不詳)
名古屋地方職業紹介事務局『労力供給請負業調査』一九三五年三月
福岡地方職業紹介事務局『労力供給請負業に関する調査』一九三四年一二月
——『九州地方労働事情概要』一九三六年七月
——『労力供給請負制度資料』一九三六年八月
西成田豊『中国人強制連行』東京大学出版会、二〇〇二年

終章

小野塚知二『クラフト規制の起源』有斐閣、二〇〇一年
熊沢　誠『産業史における労働組合機能』ミネルヴァ書房、一九七〇年
竹前栄治編『史料　日本の労働』悠思社、一九九四年
田端博邦『幸せになる資本主義』朝日新聞出版、二〇一〇年
徳永重良『イギリス賃労働史の研究』ミネルヴァ書店、一九六七年

橋本寿朗「独占と独占組織」（『社会科学の方法』一二五号、御茶の水書房、一九七九年）
藤本　武『組頭制度の研究』労働科学研究所、一九八四年
北海道立労働科学研究所編『臨時工』前編、一九五五年
堀江英一編著『イギリス工場制度の成立』ミネルヴァ書房、一九七一年
労働省『労働行政史』第二巻、労働法令協会、一九六九年
池上彰・佐藤優『真説　日本左翼史』講談社現代新書、二〇二一年
――『激動　日本左翼史』講談社現代新書、二〇二一年
――『漂流　日本左翼史』講談社現代新書、二〇二二年
――『黎明　日本左翼史』講談社現代新書、二〇二三年
カール・ポパー、ポパー哲学研究会訳『フレームワークの神話』未来社、一九九八年（英文原著は一九九四年）
――岩坂彰訳『歴史主義の貧困』日経ＢＰ、二〇一三年（英文原著は一九三六年）
――小河原誠訳『開かれた社会とその敵』全四冊、岩波文庫、二〇二三年（英文原著は一九四五年）
中北浩爾『日本共産党』中公新書、二〇二二年
西成田豊「地球・人類死滅の思想としての共産主義」『アソシエ21　ニューズレター』第三八号、二〇〇一年六月
日本共産党中央委員会『日本共産党綱領文献集』一九九六年

――――『日本共産党綱領・日本共産党規約』二〇〇四年
林達夫『共産主義的人間』中公文庫、一九七三年
本郷和人『歴史学者という病』講談社現代新書、二〇二二年

あとがき

本書は、これまで公表してきた研究（その一部）と長年書きためてきた史料ノートを基に、序章で述べたような問題意識に沿って全面的に再構成し書き下ろしたものである。

私は学問上の強い危機意識をもっている。

本書で述べた問題以外でも、世界と日本が直面する課題は多い。それらはすべて、資本主義の「階級的矛盾」から生まれたのだろうか。革命がすべての問題を「本質的」に解決するという哲学が、共産党マルクス主義者を中心とする人びとの思考を縛ってきた。そうした思考の縛りが、現に私たちの足許《もと》にある諸課題を見る目を曇らせる機能を果たしてきたのではないだろうか。

学問（歴史学など）と現実との緊張関係を説き、学問的営み（歴史学など）は決して現実からの逃避ではないとしてきた共産党マルクス主義が、実際には現実の展開に一歩も二歩も遅れてきた。問題によっては、挽回が不可能なほど現実の進展に遅れたように思われる。

そうした〝遅れ〟をおそらく感じ取りながらも、政治や世情の風向きを読んで自らの主張の音量を上げたり下げたりして、決して消音（スイッチを切る）することはしない。

公《おおやけ》の事業やひとつの制度、施策がその役割を終えたとき、その結果を調査し検証するという作業は、民主々義社会の公正性、透明性を担保するために必要なことである。終章で述べたような独特の社会観と〝音量調整〟しかしない組織体質のために、共産党マルクス主義は総括という検証を行なっていない。

共産党マルクス主義が戦後の大学人、知識人を中心とする人びとの価値観の形成や人生の在りように多くの影響を与えてきたことを考えれば、その歴史的総括は絶対に必要である。

こうした総括を踏まえないまま、微妙に立ち位置を変えた旧来型の学問研究の惰性に、私は強い危機意識をもっている。

共産党マルクス主義とは何だったのか、新しい学問はどのように創造されるべきなのか、本書がこうした大きな議論が生まれる一助となれば幸いである。

西成田　豊

二〇二四年二月

［著者略歴］
西成田 豊 （にしなりた　ゆたか）

1948年　山口県生まれ　茨城県出身
1978年　一橋大学大学院経済学研究科博士課程単位取得退学
同　年　龍谷大学経済学部講師
1990年　経済学博士　（一橋大学）
1998年　一橋大学大学院経済学研究科教授
現　在　一橋大学名誉教授

＜専門分野＞
近現代日本経済史・労働史、社会政策学会学術賞受賞（1998年）

日本経済の歴史の裏側

2024（令和６）年６月６日　初版発行

著　　者　西成田 豊
発行・発売　株式会社 三省堂書店／創英社
〒101-0051　東京都千代田区神田神保町 1-1
TEL：03-3291-2295　FAX：03-3292-7687
印刷・製本　株式会社 丸井工文社

ISBN 978-4-87923-252-6　C0033